中原大學・大師系列
Chung Yuan Christian University · Masterpieces Series

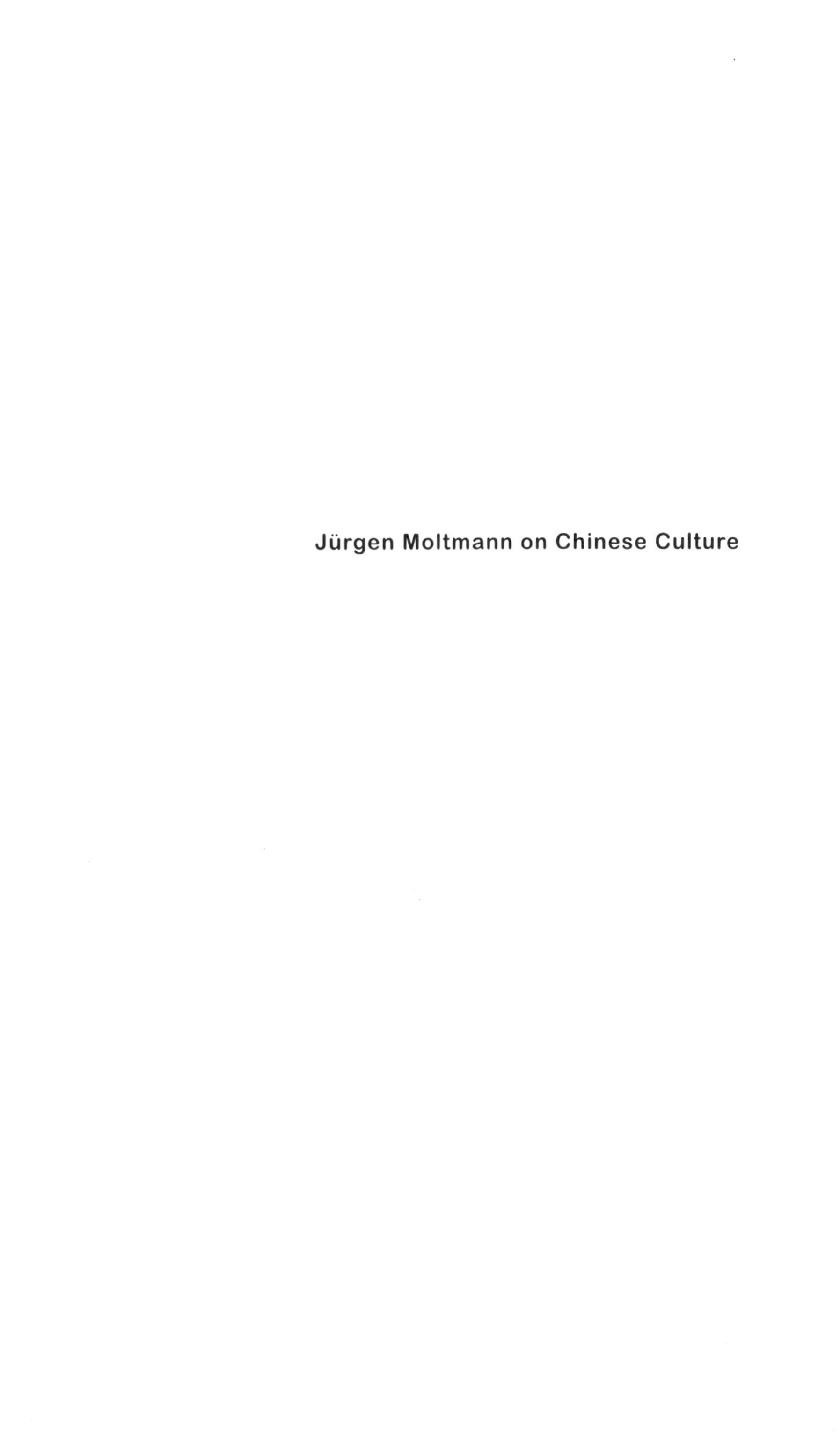

Jürgen Moltmann on Chinese Culture

中原大學・大師系列 1

莫特曼論中國文化

莫特曼 著／曾慶豹 策劃／鄧肇明、曾念粵 譯

▼

中原大學 · 大師系列

莫特曼論中國文化

Jürgen Moltmann on Chinese Culture

作者
莫特曼
Jürgen Moltmann

系列策劃
曾慶豹

翻譯
鄧肇明、曾念粵

執行編輯
吳國雄

裝幀設計
奇文雲海

■

出版／發行
基道出版社
香港沙田火炭坳背灣街26號富騰工業中心1011室
LOGOS PUBLISHERS
Unit 1011, Fo Tan Ind. Centre, 26 Au Pui Wan St., Shatin, Hong Kong
電話：(852) 2687-0331　傳真：(852) 2687-0281
網址：http://www.logos.com.hk

承印
海洋印務有限公司

●

1/2008 初版
Cat. No. LP239
ISBN: 978-962-457-346-6
此系列叢書之出版在中原大學特色研究領域計劃中進行

© 2008 by Logos Ministries Ltd.
Printed in Hong Kong

刷次	10	9	8	7	6	5	4	3	2	1
年份	2017	2016	2015	2014	2013	2012	2011	2010	2009	2008

總序

中原大學為一所具基督教精神的大學，在宗教研究領域方面朝以基督教學術研究為主。我們除了出版國際學術期刊和主辦國際學術會議，近年來又以中原大學名義邀請歐美著名學者相繼到訪，包括神學家、聖經學家、哲學家、社會學家等等，與我們分享了他們的智慧與思想，拉近了我們的距離，也把我們帶到世界的舞台。

本系列叢書之構想，主要是集結大師的精要論著和小篇幅的作品予以出版，且輔以簡略地介紹大師的專文，讓讀者可以在文本的世界裏繼續與大師會晤，走進大師，走向他們平易近人的思想世界。

本叢書為中原大學宗教研究所和香港基道出版社合作出版，我們願與各位分享大師的智慧，並誠懇地邀請諸位，一同參與大師的文字饗宴。

曾慶豹

致中文讀者

我必須以抱歉為開始來撰寫此書的前言：我要請所有的中文讀者多多包涵我對中國文化的看法。當我愈試著去了解中國文化，我就愈曉得我的不足之處，因此就愈尊敬這個數千年的古老文化。許多來自中國的學生和學者到歐洲來認識我們西方的哲學和現代文化。有一回在台灣和漢語學者參與研討會之後，我突然得到這樣的印象：他們知道我們的一切，我們對他們卻一無所知。我寫這些文章的目的是想藉此來理解中國文化。在我的研究中，我比較接近老子，我和孔子的距離比較疏遠。這和我個人在生態上接近綠黨的取向，以及我個人厭惡威權體系有關。如果我沒有聽錯，在現代中國最大的咒語乃是**和諧**。根據我的理解，**和諧**只有透過克服對立才能產生。沒有辯證的思想就不可能有和諧的思想。也許孔夫子不應該這麼快地排擠掉馬克思。

這幾篇試圖了解中國文化的文章的出版，相當程度地表達了我和在中國文化中的學生、朋友和同事的深厚情誼。我感謝曾念粵先生的翻譯。

莫特曼

圖賓根

二〇〇七年十一月二十四日

前言

莫特曼(Jürgen Moltmann)教授三次到台灣訪問,後面兩次相繼來到中原大學。一次是參加「莫特曼與漢語神學」國際研討會(二〇〇二年),與華人學者直接面對面的對話,給他留下了深刻的印象,會後他還親自編輯該次的論文集,於歐洲出版;另一次則是受邀獲頒予名譽博士學位(二〇〇五年),並與夫人溫德(Elisabeth Moltmann-Wendel)教授各自做了兩場精彩的演説。

莫特曼教授,這一位名氣響噹噹的世界級學者,上個世紀的六十年代就以「盼望神學」之名將自己銘刻在神學史冊上,並名列於經典性神學家之列中。中原大學有此殊榮,於五十週年校慶之際頒贈予名譽博士學位,即是肯定他在基督教思想史上卓越的貢獻,以及在神學界和教會的影響力和地位。毫無疑問的,莫特曼教授一直是華人神學界非常敬仰與愛戴的一位大師，他的主要神學著作大都已有了中譯本，還沒有那一位當代神學家的著作在翻譯的質和量上可以與他媲美的。

莫特曼教授長以西方神學，但他對中國文化也感興趣，並嘗試做了一些相關的研究，我們在此收集了他論及中國文化的篇章，〈基督教大學的理念〉則是他接受中原大學頒贈名譽博士時的演説。

莫特曼教授已成了我們的好朋友，他曾真誠地對我們説：「中原大學任何需要幫忙的地方，我一定鼎力協助」，這句話出自於一位年事已高的偉大神學家，聽了怎不令人感動呢。多次與莫特曼教授互動，我們確實感受到了他的感召力，雖然地位卓然，他仍散發著早年所提出的「盼望神學」的精神，親切、熱情、殷勤，感染著任何與他有過接觸的人。

莫特曼教授確實是我們最為忠實的支持者，凡我們請求他幫助的事，他都在最快速的時間內回應我們，他的著作被排列作本系列叢書的第一本，即見證了他與中原大學之間一段特殊的友誼。中原大學作為一所基督教大學，能有這麼一位傑出的「校友」，讓我們倍感光榮。

曾慶豹

作者簡介

莫特曼無疑是二十世紀的德國神學家當中，對漢語世界最具影響力的基督新教神學家。他的著作的中文譯本到目前為止已經超過十本。他的神學之所以會在漢語世界引起廣大的迴響，主要有四個原因：1) 他善用淺顯的話語來表達深奧的神學理論，這樣一來，便減少了漢語世界的讀者就近他的神學的障礙。2) 他不時逆向思考，別出心裁，處處展現他的原創性。3) 他的眼光並不侷限在歐洲，而是心懷全球。他探討的許多神學議題與漢語神學的處境有極大的相關性。4) 他的神學具有高度的實踐性，容易受到重實踐的漢語世界的歡迎。

莫特曼在一九六四年寫成《盼望神學》（*Theologie der Hoffnung*），他主張終末論不應淪為「神學的附篇」，而應該成為「一切神學之母」。「盼望神學」不是在研究盼望，而是「從盼望出發來做神學」，讓盼望成為神學的主體。這為基督徒的現世參與提供堅實的理論基礎。他在一九七二年完成的《被釘十字架的上帝》（*Der gekreuzigte Gott*）中扭轉西方神學傳統中受希臘哲學影響的全能的、對苦難無動於衷的上帝觀，而勾勒出一位主動迎向苦難的上帝圖像。這本書成了拉丁美洲解放神學和韓國民眾神學實踐者的動力來源。一九八五年面世的《創造中的上帝》（*Gott in der Schöpfung*）糾正上帝超然於世的錯誤神學觀點，而指陳上帝「內住」於世界的事實，為生態神學奠定論述的基礎。在一九九五年出版的《來臨中的上帝》（*Das Kommen Gottes*）中，他描繪了基督徒的終末盼望不僅針對個人，還包括歷史、宇宙和上帝本身。這樣的宏觀架構在神學史上是絕無僅有的。

莫特曼在一九九四年於圖賓根大學榮休，榮休後他仍繼續寫作，並且四處旅行講學，足迹遍及全球。對他來説，神學不僅是在自身的經驗之中，也是在參與他人的經驗之中去體會的。莫特曼今年已經八十一歲，神學對他來説依然是個沒有終點的冒險旅程，而好奇和想像力則是促使他勇往直前的原動力。

曾念粵

莫特曼教授二〇〇五年獲中原大學頒予名譽博士學位。左起：中原大學熊慎幹校長、莫特曼教授、中原大學江彰吉教務長。

左起：莫特曼教授女兒路得（Anne-Ruth Moltmann-Willisch）、曾慶豹博士、莫特曼教授、莫特曼夫人溫德教授。

莫特曼教授夫婦攝於中原大學宗教研究所。

目錄

1

基督教大學的理念*

曾念粵 譯

* 本文於二〇〇五年十月十三日以〈談基督教大學的理念〉為題講於中原大學「神學講座」，作者並於講座後受頒「名譽博士」學位。

人們說，在現代社會裏，大學普遍處於危機之中，它面臨了它的身分、它的意義、它的功能在社會中的危機。我們如果看得更仔細，這邊牽扯的是針對大學的互相矛盾的利益，它對大學的研究和教學產生不利的影響。大學的自由存在於不受宰制的研究空間和找尋真理的空間。教授和學生形成的學術團體乃是一個具有本身的尊嚴和權利的社羣。

然而，在二十世紀中，政治的意識形態侵犯到大學，並且讓研究和教學屈服在它本身的目的之下。這導致了大學的政治化。研究的自由和學術中的真理受到了貶抑。在歐洲的法西斯主義的國家中，種族主義的意識形態主宰著科學：德國的物理學應該排斥猶太人愛因斯坦（Albert

Einstein)的相對論，在生物學的研究要求種族理論能證明亞利安人(Aryan)比其他民族更優秀。在共產主義的東歐集團中，馬列主義意識形態宰制著大學，並且壓抑所有不受歡迎的研究和教學。可是，「馬克思主義式的數學」並不存在。西方世界一直到一九八九年都反對這種極權式的國家意識形態，而在大學裏護衛學術自由，因為西方世界應該是自由的世界。

蘇聯在一九八九年垮台之後，學術自由的政敵雖然消失了，但是這種自由卻沒有擴展到全世界。在東方和西方的大學，愈來愈受到現代社會所有關係的經濟化的轄制。大學自由的主要問題已經不是極權的政治意識形態，而是大學的研究和教學在經濟上的可用性。在應用的自然科學和社會科學的領域不成問題。在大學和企業的實驗室裏，研究和工業的網絡關係是非常值得追求的。工業提供的經費補助以及研究的實用取向，譬如在生物技術方面，是好的。但是，我們只能實際應用那些之前在理論上被認識和想透的事物。因此，基礎研究也同樣重要。它在大學裏被推展，因此也需要經費的支持。但是，一旦它直接的可用性不是立刻可以得知的，支持的經費可能就會匱乏。有誰會在一九〇五年時為愛因斯坦發展相對論提供國家的或經濟的協助?可是,今天的自然科學必須仰賴它的理論。

今天,我們在德國的大學不在「人文學科」和「自然科學」間做區分,而在「文化學科」和「自然科學」間做區分。社會的文化乃是具有本身的尊嚴和權利領域,因此不可以政治化或經濟化,因為在文化中涉及到社會的自我理解和自我表達。文化學科包括從社會科學和法律學到哲學和宗教學,也就是凡是屬於社會的文化的學科。當然,自然科學也具有文化的意義,畢竟我們談論的是現代世界的「科技文明」。目前,大學的功能在德國有了新的分配:文化學科輸了,自然科學贏了;理論物理輸了,應用物理贏了。新的生物科學和資訊科學需要空間。大學的新的經濟化趨勢更展現在語言中:尊貴的 Rector Magnificus,也就是大學校長,我們以「閣下」(Magnifizenz)來稱呼,現在被稱為大學的「監事會主席」,而我們的學生則是我們的學術服務企業的「顧客」。這樣的發展不好。雖然我們短期獲利,但是學術長期會走向破產。

甚麼是大學學科的共同理念?我們已經不知道了,我們沒有共同的思想基礎。因此,大學分解成各種不同的職業學校的總合。但是我相信一切知識和人的行為的合一性,並且希望邀請您和我來尋求大學的理念。

一　自然科學—文化學科

文化學科涉及一個民族、不同民族和人類的文化記憶。文化的記憶保存在歷史的傳統中，它不僅保持在文字的傳統，也保存在語言和思想方式、當代的習俗、生活方式、建築、房舍和寺廟當中。各民族的宗教屬於他們的傳統的核心。在文化的記憶中，祖先的記憶被保存下來，這包括他們的生活經驗和死亡經驗、它們和自然環境的經驗、尤其也包括他們的生命期待和將來盼望。在文化學科中，我們看到各民族的過去，並且我們也使他們的傳統活現在我們眼前。因此，文化學科的方法論屬於詮釋學，也就是一種理解過去的生活或陌生的生活的藝術。假設我們只認識我們本身的當下，而不認識我們的祖先過往的當下和其他民族陌生的當下，那麼我們便是貧乏的。雖然我們在全球化過程中只對我們本身的當下的擴展感興趣，但是凡是忘記他的祖先的文化記憶的，必定失去超越當下、遙望將來的能力。

在現代的開端，自然科學很難對抗文化的記憶。當伽利略（Galileo Galilei）想要向他的對手展示木星的衛星時，他的對手拒絕透過望遠鏡來觀看，因為他們相信，自然界中無法找到智慧，要找到智慧只有透過聖經的文本的比較。因此，巴斯噶（Blaise Pascal）控訴「那些人在物理學中只將傳統視為有效，不管實驗和理性的人實在瞎了眼睛」。

凡是研習文化記憶的人，通常坐在圖書館內看書。研習自然科學的人，在實驗室裏做實驗。我們在這邊鑽研時間的傳統—那邊是與時間無關的自然，這邊是圖書館—那邊是實驗室，這邊是藝術和人文—那邊是科學和技術。到底它們在一起，還是完全不同？文化學科和自然科學是通往真實的兩扇不同的窗戶？藝術的世界和技術的世界是完全不同的世界？為甚麼它們共同居住在大學的殿堂？

為了要認出共同性，我要擴展「記憶」的概念。自然科學涉及到「自然的記憶」。自然科學不認識與時間無關的實在，它認識的是成為歷史的實在（Wirklichkeit）。當我們在夜晚對星空發出讚歎，我們看見了宇宙的過去。因為光速是有限的，我們看見的宇宙不是與時間無關的也不是同時的，而是不知道多少光年之後的，我們看見的星星或許早已不存在了。從宇宙的背景的照射，在大爆炸之後不久的最早的過去向我們迎面而來。自從大爆炸理論提出後，宇宙被理解成僅此一回的歷史，而且它的現在只是它的變化的其中一個階段。就連物質的結構，從原子核到有形狀的原子、分子、細胞、組織、生物、一直到人的大腦，都累聚了除去有害生命的因素，並且支持有利生命的因素的自然的記憶。就連地球上生命演化的歷史也是僅此一回的、無法重複的自然的歷史。德國著名物理學家魏茨澤克（Carl Friedrich von Weizsäcker）將他一九五七年出版的書命名為「自然的歷史」。如果自然有歷史，那麼自然也會有記憶，並且記憶是現在的過去。如果自然有歷史，那麼自然也會有期待，期待是現在的將來。在自然的記憶中，聚合了存有（Sein）的和生命的智慧，我們可以從中學習。

自然的密碼和文化的密碼並沒有隔得那麼遠，以致於它們無法彼此影響。假如我們想繼續存活，我們便需要使人類的文化和地球的自然之間得到新的一致和共鳴。我們的祖先和自然環境間相處的文化智慧可以幫助我們，為後工業時代發展出一種生態的智慧。在此，我想到的是老子的《道德經》。

二　傳統和進步

傳統和進步在今天似乎是互相矛盾的。傳統回顧過去一進步走進將來，傳統是回憶一進步是盼望，傳統守舊一進步維新。許多人是這麼想的，但是這幅圖像正確嗎？我不相信。許多傳統派人士抵制任何的進步，但是他們了解他們的傳統嗎？另一方面，有一些相信進步的人，他們鄙視傳統並且想破壞傳統，但是他們曉得他們的進步將導向何處嗎？我們在各民族的文化傳統中，不僅發現被保存的過去，也發現到他們回憶到以前的世代的盼望。當我們找尋我們本身的當下的將來時，我們回憶的過去裏就真的有將來。歷史並不遵循線性的時間方案：過去一現在一將來，或將來一現在一過去。如果是這樣的話，將來就會變成現在，現在就成為過去，到最後一切都消失無蹤了。然而，真實的歷史具有辯證的結構：過去是真實性的領域，將來是可能性的領域，而現在則是我們實現可能性或沒有實現可能性的鋒線。每個真實性是實現了的可能性。每個過去是已逝的將來。當我們回憶時，我們回憶的不僅是曾經是的事物，而且也回憶可能的事物。在各民族的文化記憶中，保留了回憶的將來。今天，現實主義者不僅估算實際的情況，也估算可能性，因此他也期待出人意表的結果。

宗教的傳統是我們的文化記憶的重要成分。只要它使得超越的經驗得以活現眼前，它便具有烏托邦的外沿。它超越既存的真實，邀請我們超越，無論是上天堂或進入將來。猶太—基督宗教在特別的程度上是一種盼望的宗教。在它的傳統中，保留並活現了舊約和新約的上帝應許。因此，它激起人向未知的將來前進的勇氣。現代世界的進步觀，在很大的程度上表達了基督教上帝國盼望的世俗化。在現代世界開始時，產生了一種將來盼望，而這個將來盼望乃是以沒有上帝的上帝國為對象，也就是自由的國度、永遠和平的國度。凡是要理解西方現代世界內在的力量的人，就必須理解以盼望為本的基督宗教。它是改造現代世界的動力。

現在我們要談論進步。進步是好的，但是我們願意並期望我們抵達何處？進步本身是模稜兩可的，它可能會導向好的或壞的。然而，進步的理念已經為現代世界的宏大計劃賦予了意義。科學的進步導致自然中一再的新發現。我們愈來愈認識自然的法則，並且能夠破解人的染色體的序列。這邊有從牛頓（Isaac Newton）到愛因斯坦並且更進一步的進步。在技術的層面，到處可見到進步：從帆船到飛機、從電話到網際網路等。政治上也可看到進步，有更多的個人自由、更多的社會公義、從極權到民主、從民族國家到聯合國。但是，現代的進步觀想要得更多：人類應該透過教育而變得文明，從石器時代到現代的大都會。透過學校和大學的教育也應該陶冶品格，以致於最後能夠改善人類的道德，而飢餓、疾病、暴行、戰爭從地上消失。德國皇帝威廉二世（Wihelm II）向德國人民呼籲：「我帶領你們迎向輝煌的時代」，不久之後，在一九一四年第一次世界大戰中，「歐洲的原始浩劫」開始了。歐洲進步的國家以現代的科學和技術互相摧毀。

經過了這樣的經驗，我們失去了天真的進步觀，因為我們失去了對人的信任。因此，我們問：科技的進步應該導向何方？誰在今天控制科技的力量，並且防止原子彈落入自殺型的恐怖分子的手中？

我們需要人類的目標來針對進步力量的累聚。我們需要能夠使人類世界繼續在地球上存活的異象，以針對今天財政、經濟和軍事力量的全球化。為此，喚起我們的文化記憶，並且探求我們的祖先的智慧和盼望是好的，因為他們的世界的將來也和我們的世界的將來都在未定之天。我們必須將我們的文化和宗教傳統關涉到科技的進步上，好讓我們在我們的傳統向我們揭示的將來境域中不斷進步。

三　信仰的確據和科學的假說

如果有些人聽到「基督教大學」，他們會想到基要主義（Fundamentalismus）或是教會的教職，而不會想到學術自由。然而，這是全然錯誤的想法。基督教信仰的確據使學術脫離偏見並保證它的自由。一五四三年，紐倫堡（Nürnberg）的新教改革者奧賢德（Andreas Osiander）出版哥白尼（Nicolaus Copernicus）寫的顛覆中古世界圖像的書。在這本書的前言中，這位神學家導入了「假說」這個概念。自然科學的理論乃是假說，不是信仰的確據。它必須透過實驗來肯證或否證。基督教的上帝信仰，不把自然科學定位在宗教的世界圖像上，而是讓自然科學在它的假說所構思的開放境域中，自由地去認識世界。信仰為科學除去了從教條化的世界圖像和意識形態的偏見而來的壓力，並且保證它在解釋力的進步中的靈活性。上帝透過聖經信息所要表達的是向人啟示拯救的必要內容，而不是免除他們在科學方面的研究。因此，我們不應該像創造論者那樣，將聖經中三千年前的世界圖像教條化。另一方面，我們不向科學知識期待信仰的確據和意識形態的信念。科學不涉及信仰，而是涉及理性和懷疑。只有當我們區分信仰和知識，我們才能使它們兩者彼此關涉，得出豐碩的果實。科學可以除淨宗教中的誤謬和迷信。宗教可以去除科學中偶像崇拜、意識形態和絕對化的心態。

這是如何發生的？我們歸功於達爾文（C. R. Darwin）的進化論。他從他對自然的觀察中發展出進化論。他的理論在當時是個假說。今天，我們在生物學上有完全不同的進化論。赫胥黎（T. H. Huxley）將達爾文的知識建構成一套意識形態，即所謂的達爾文主義，它剛好適合了十九世紀英國的資本主義。「適者生存」非常適合為資本主義的競爭合理化，也適合為白人的種族主義和殖民主義合理化。問題不像某些基要主義者所想的那樣，在於達爾文具有假說意味的進化論；問題在於對達爾文的科學知識進行的非科學的意識形態化。基督教信仰必須在此前後一貫地進行意識形態的批判，並且使世界和科學脫離偶像。

基督教的上帝信仰不僅對人為的意識形態和世界圖像採取批判的態度，而且以肯定生命的信念面對世界。它仰賴對世界、對人、對大地的無條件的大愛。創造者上帝對世界說出祂屬上帝的「是的」：世界應該存在，而不是不存在。赦免者上帝在基督裏親自成為人，抗拒罪惡和死亡，並且向生命說「是的」。生命之靈上帝住在所有的活物當中，並且透過祂對生命的肯定使得所有的活物得以成為聖潔。這個對生命、對將來的肯定，對於我們的文化而言是重要的。「好」的科學論據並不存在，但是我們相信，人類不是自然的大錯誤，他們的生活反而應該有益於整個創造。這種對於有意義的人類使命的信念是前理性的，這是真的，但是，它卻為我們的理性開啟對生命的感覺，也就是我們對生命的情趣的感覺。只有當我們向生命表達這種無條件的肯定，那麼，我們就可以抵抗現代恐怖主義者毀滅世界，或者天啟末日論的世界末日所展現出的虛無主義。

四　基督教大學的使命

基督教大學不應該是屬於某個宗派的大學，而是具有高的學術水準、優良的教育和廣為認可的素質的優良大學。它不是為了自己本身，而是為了國家、人類、整個創造而存在，並且它在其中實現上帝的託付。

這個大學受到真理的約束，它為人的生命和自然的生命效力。在結束以前我要強調追求真理和為生命效力這兩個層面：

1. 大學乃是由老師和學生組成的追求真理的社羣。這個託付使得不同的學科，無論是理論的學問或應用的學問、文化學科和自然科學，得以合一。真理乃是理性與實在的一致。凡是從事自然科學研究為要認識實在的真相的人，一方面對於我們的理智可以認識實在而感到高興，另一方面，卻非常受辱，因為他認識得愈多，就愈曉得，他不知道的是甚麼，就會對宇宙不可測度的特性感到敬畏。我們愈認識真理，便愈追求真理。因為現在我們的認識，正像使徒保羅所說的「模糊不清」。然而，真理不僅是理性和實在的一致，它也是理性和存在的一致，也就是人和他自己本身、他的自我理解的一致。我們現在對真理的認識「模糊不清」，基本上他對我們和其他人來講，仍然是個謎，因為我們像我們自己本身隱藏起來，只有上帝知道誰在真理中。因此，找尋真理的向來是人。人類的文化史，乃是人找尋真正的人性的長遠路程。假設我們現在進入人類合一的新的全球化的時代，這條路會繼續下去。最後，人從一開始便追尋他在地球上受造的團契中的家鄉和角色。杜斯妥也夫斯基（F. M. Dostoyevsky）早就控訴：「每隻螞蟻認識它的屋子的格式，每隻蜜蜂認識它的蜂巢的格式，只有我們人不認識我們的格式。」因此，我們在地球的生命空間中，找尋和自然環境的和諧以及生態的和平。當我們的文化和地球的自然體系，達到能夠存活的、永續的一致性時，我們將要走向人的真理。在現代世界粗暴的工業化之後，要找尋這個真理，我們還有一條遙遠的路要走。

2. 在醫學中，為生命效力是理所當然的。我們從古老的希臘文化中沿用了針對醫生的希波克拉特（Hippocrates）的誓言。醫學知識和醫術應該為生命效力，醫學應該治療，而不是毀滅；應該使人復甦，而不是殺生。在第一次世界大戰的瓦斯戰和第二次世界大戰的原子彈的可怕經驗後，在我們中間產生了一種討論：是否所有的自然科學家應該效法醫生，讓他們的科學工作為生命效力，並且拒絕向死亡效力。當時我們並沒有得到結論，但是，這個關於自然科學的職業宣誓的討論，標示了一個正確的方向。為了要抵抗日益壯大的虛無主義，不僅物理學者和生物技術人員，而是我們全部都需要一種清晰的生命的文化。而對生命、對地球的無條件的肯定屬於其中。對生命的敬畏，不僅對人的生命，也包括對地球上所有受造的生命的敬畏也屬於其中。

對我個人而言，對賜生命愛生命的上帝的基本信靠也屬於其中，或這像中原大學的教育使命上所說的：「中原大學之建校，本基督愛世之忱」。

2

處於毛和道中間的中國：和諧與進步[*1]

鄧肇明 譯

* 本文取材於中國多次的旅行見聞，首次在一九八六年五月到六月間。而本文經作者修定自〈處於毛和道中間的中國〉一文，原載於莫特曼：《公義創建未來》（香港：基道出版社，1992），頁 84~96。

要觀察一個前現代（pre-modern）的世界如何進入現代化的紀元，沒有甚麼地方要比在中國更顯著的了。整個國家是一個龐大的工地：從茅屋到高樓大廈、從羊腸小徑到高速公路、從村莊到大都會、從農業社羣到中央化的工業社會。中國人民現在正組織起來，要從同自然協調的文化中，邁進世界歷史舞台那種進步的文化裏。我們可以清楚看到人類文化這兩種基本模式。我們可以理解人們為甚麼要廢除亞洲這種古老的生活方式。我們也明白人們為甚麼要接受歐洲早期的進步思想，即馬列的社會主義。然而我們也見到種種可怕的矛盾，這是現代的進步文化和孕育它的自然之間所不能避免的。我們不禁要問：中國古代文化的智慧能否及如何醫治現代世界的創傷呢？現代世界的基本問題成為爭論的原因，是由於古代的均衡文化（culture of equilibrium）和現代的歷史觀發生衝突的緣故。因此我多次在華之旅集中於下述的反思，並由與中國學者的討論而引申一般性的考慮。我認為從前宗教歷史上的討論，諸如中國人的宗教觀究竟是內蘊的還是超越的，以及今天的毛澤東思想究竟是要按宗教或世俗的角度解釋等，都經已過時了。我建議從「均衡」（equilibrium）及「進步」（progress）這兩個範例開始討論，因為這樣我們可以更容易領會文化和自然以及意識形態和宗教的統一性。

一　「自然」觀中的和諧

我們參觀北京的故宮，即「紫禁城」，只要穿過「定門」便到達「中國」的中心，亦即世界的中心。故宮的佈置呈現絕對的和諧，一切事物都是對稱的：左和右，高和寬，牆壁和屋頂，前庭和後苑。

這裏看不出形式變化或中斷的歷史，一切都只是一個恆久的、一統的和諧。前面是「太和殿」，跟著是「中和殿」，最後是「保和殿」。在中國世界的中心天壇中，對「和諧」的渴望甚至支配著古代的「政治宗教」。這個天壇位於北京的南邊。在這裏，建築上以「圓形」及數目字「三」為主：祈年殿矗立在大地的四角，大殿作三層疊置的傘形，座落於三層台基之上。圓丘的壇面、台階、欄杆、條石全是九或九的倍數。圓形是天的象徵，直角則表示大地。

「和諧」這種基本思想也支配著古代中國《易經》的宗教。中國人是按照這個基本模式來接納外來宗教的。如果粗略地分類，我們可以說：古代的**道教**是追求與自然和諧的宗教，**儒教**是追求社會和諧的宗教，**佛教**，不管是阿彌陀（無量光）或禪宗，是追求內心和諧的宗教。然而這不像萊布尼茲（G. W. Leibniz）所說的，是預先確定的、僵硬的和諧；這乃是變動的均衡，使跳動的生命、自然的節奏和歷史的循環都包括在其中，讓人類得以藉此嘗試同生命、自然和歷史相協調，並加以影響。歷史的分歧和生命的矛盾係以陰和陽這種變動的均衡來概括。自然的過程不是作為原子及關係來分析，乃是透過五行作為整體來了解。那個令人無法明白的「一」化生為萬物，萬物又達至和諧復歸於一：「道生一，一生二，二生三，三生萬物。萬物負陰而抱陽，沖氣以為和。」（《道德徑》四十二章）

這種支配宗教和文化的均衡理想，其**經濟現實**是「稻田」。[2] 一個依靠稻米為生的民族就得依靠稻田文化。種稻需要水分和陽光。稻田則要求集體的體力勞動，密集的耕作。正如稻田的灌溉要靠彼此依賴一樣，所以農夫和地主亦要彼此依賴。沒有人可以把別人的「水源截去」。稻田抗拒資本主義的競爭原則是和抗拒個人主義是不相上下的。它要求集體精神和同志般的合作。播種和收割都要取決於季節和望朔。宗教的節日同時是自我更新、孕育生命的大地的節日。梯田是上千年的藝術。它們是無數世代的成果，有無數的人曾在這裏耕種，並以之為生。所以死者要安葬在田邊。他們要時常和活的人在一起。每一代人都感覺自己是和田裏的祖先相連的，就像一條長鏈子一樣。不像十七世紀的羅馬教廷及十九世紀基督新教的宣教士所宣稱那樣，中國古代的祖先崇拜不是迷信，乃是一種理所當然的尊敬，以紀念先人在這塊田地裏的耕種，使到活著的人可以繼續存活。由於祖先敬拜使到後人有責任要把稻田傳給子孫，所以祖先敬拜在精神方面很能表達了今天西人所講的「世代契約」。

古代中國的**政治宗教**係以帝王崇拜的形式出現，直至一九一一年為止。不管中國的宮廷接受別的甚麼宗教影響，儒家始終佔盡上風。它一直在宗教上維護君權的合法性，最後才被馬、列、毛的社會主義所替代。按照儒家的教導，人和大地的世界受命於天，即上帝。如果所有的活物都遵守天道，世界就有和平、幸福及和諧。人站於天地之間，是宇宙秩序的樞軸，是一切宇宙規律和循環的中介。這個人的角色係由「天子」所擔綱，他要在人類及自然世界中履行天命。王道符合天道，向萬有發射他的光輝。他將人類和大地帶到正確的道路上。如果皇帝未盡天命，王位就失去合法性，天命於是要轉交另外的賢者。由於貴為天子的君王直接受命於天，所以他可以宣稱普天之下盡歸他統率。他的治權因此包括一切。但在另一方面，他的統治卻必須與天道相合。天對地的影響有如陰與陽，換言之，不是憑藉暴力，乃是透過變動的均衡；較少直接的介入，寧願是單憑事物本身的分量。與此相應，天子的統治也是憑藉本身所發的光芒和魅力；他作為世界中心、永恆的極星，不是靠主動介入。他乃是無為而治。他不去見任何人，但所有人都來到他跟前，因為藉著他位居中心的身分，藉著他在天壇祭天，他經已居間促成人類和大地同天道之間的和諧。儘管在政治實踐中，古代中國定立法規，以獎懲制度來保證社會的正常秩序；然而，以中樞的身分，以不斷居間促成上達於天的「非暴力統治」卻仍是中國皇帝的理想。

中國的皇帝大概是世界上最後的**祭司皇帝**。在羅馬帝國期間，皇帝的祭司稱號「最高大祭司」(*Bontifex Maximus*)已由蓋拉修一世(Gelasius I)移交予教宗了。自此之後，皇帝和教宗之間的分別就開始使歐洲的政治世俗化。不過在中國，政教合一卻維持到一九一一年。儒家是沒有「聖」和「俗」之分的。皇帝站在家長等級制度的首要地位，統領全國。在他的身上集合了統治者最高的權力和祭司最高的威嚴，所以「普天之下」，即整個大地及所有民族都要臣服。在春天，皇帝在笛聲陪奏下作為「首席農夫」在北京社稷壇旁邊的田犁地第一道畦。他在土地神前祈求上天保祐種子生長良好，又感謝穀物豐收，因為惟有五穀豐登才能國泰民安。無怪典禮官屬於國中最高的官階了。所謂帝王崇拜就是以皇帝有這種祭典意義為根據的。作為天的代表，負責整個宇宙，他自然是政治宗教的元首。他向天磕頭表示敬意，所以萬民也相應向他行三拜九磕之禮。作為祭司君王，他不僅要對自己，更要對歷代先王，尤其是「皇天上帝」表示出忠心耿耿，因為他和先祖都受命於天，也役於天。宮廷禮儀和皇帝的祭典顯示天人合一的和諧。所以皇帝的觀念涵攝文化和自然之間的統一性：人君不僅對萬民，也對自然世界負起和平的責任。在這方面，我們不妨說，這種君權觀念雖然屬於古代的，卻頗合乎生態原則。中國的政治宗教係以天地的協調為依歸。

二　「歷史」觀中的進步

我們在一九八六年第一次的中國之旅的同伴兼翻譯是小顧。他是北京一位聰明的學生。可是他卻不認識《道德經》；孔子也只是在學校裏聽説過，卻沒有讀過；《佛陀言教》是他問我借的，在桂林到武漢的夜車讀了一遍。他的言論可以歸納為：「中國是落後的」；革命帶來「大躍進」；文革擺脱了「四舊」；中國需要「進步」，不容許在歷史中停留不動；鄧小平的政策是按西方的模式，借助西方的技術把中國「現代化」。

孫中山從西方世界引進資產階級思想，而毛澤東卻帶來社會主義的觀念；兩者都在中國漢化了。值得注意的是，最先在中國落戶的，不是工業高度發達國家的思想體系，而是發展中、初期工業化國家的意識形態，即社會主義。西方的資本主義自從鴉片戰爭起，就對中國產生破壞性的作用，叫中國人害伯。蘇聯的社會主義，即馬列主義，在俄國誕生的情況和中國類似，所以對中國人民有解放的作用，給他們帶來盼望。馬克思、列寧和毛澤東的名字，指出了這種意識形態進行的方向和改變。起初，它把德國的唯心歷史哲學和歐洲工業的無產階級受到疏離的痛苦結合起來。它的內容在於「歷史」觀中的「進步」概念，認為「時間」是直線的，以目標為指向的。它的支持者是大城市受疏離的無產階級。這種意識形態深信歷史發展的必然性，就是無產階級要解放自己，同時也深信領導無產階級的黨要完成歷史的任務。目標是：人類團結起來，在集中領導之下，要成為自己歷史的主人。要比較現代世界的這種觀念和中國那種古代觀念，我會嘗試強調其中一些特點，是西方人用自我批評的眼光看為最重要的。

現代人把世界看為「歷史」，顯然出自近代歐美的工業革命。一旦人類的世界由人自己計劃和建設，不再受自然的世界所左右，就失去自然的節奏，不以宇宙的法則為定奪。人類的歷史不再與自然的循環相配合，因為人類歷史在於支配自然，奪取其中的資源，而不是與之和諧協調。人類自定的目標方向取代了自然的地位。同時，人類愈體驗到自己是歷史的主人，愈把自然當作認知和工作的對象，也就愈要追問他們的歷史經驗會有甚麼未來意義，而他們的歷史實踐又有甚麼目的。如果將來的計劃明確，那麼就可以實現每一步在歷史中的目標和意義。於是人們稱這些步驟為「進步」。所謂進步永遠只是向更好方面邁出的步伐。人類世界既脱離了自然的環境，直線的時間觀也就取代了循環的時間觀，使人類從此不能再看出自然的節奏。然而值得注意的是，初期工業的進步觀係以一個雙重的歷史概念為依據，而這個概念卻是和古代有關文化與自然之間的和諧關係相一致的：既有時代精神的進步歷史，也有人類的進步歷史。以人類為主體的歷史，如果要避免墮落到非人性的任意妄為地步，就必須符合客觀的歷史規律和傾向。以人類為主體的歷史備受爭議，其所以獲得合法地位，就是透過這個雙重概念，使之有無懈可擊的客觀歷史規則性：世人不同的歷史，各式的進步次序都提升成為惟一的「歷史」。這惟一的「歷史」取代了天道的位置，在歐洲來説，即取代了上帝的恩祐（divine providence）。中文「革命」是天意的變更，由另外一個人承受天命（秦家懿語）。惟有相信「歷史」的人，才能談論在客觀上必須要有進步，必須要達到預期的發展；才能劃分為「落後」及「進步」的文化力量；才能直言「歷史」扶持正確施行社會實踐者，使他們得以成功。這種説法自然是無謂的重複，因為成功人士早已被歷史證明為正確了。無論怎樣，透過馬克思，唯心的歷史哲學和歷史的實用主義融合而成為近代一個統一的意識形態。

這種支配宗教和文化的歷史觀，其**經濟現實**不再是稻田，乃是工廠。不僅是從事工業生產的工人，就是從工業生產中獲得利潤的資本家，都要仰賴這種工業文化。工業生產係以爭取最大的工業生產力和利潤為目標的。生產必須愈多愈好，而消費也要愈多愈好。所以生產的計劃在於增長和擴張、在於革新、在於權力的積聚。由於生產在原則上是沒有止境的，其趨勢也傾向於普世性，以全球化為依歸。其中一個最重要的推動力是「自由競爭」，或「所有人對抗所有人的鬥爭」，以「適者生存」為目標。工業化因此無可避免地導致競爭性的社會，導致個人主義。爭取市場和工作崗位成為這個舞台的特色。既是工人，每一個人都為自己。家庭不再扮演任何角色。一些在高度工業化的西方經過二百年才發生的事，必須要在中國的工業大城中用國家手段立刻執行：計劃生育。現在中國所實施的一個孩子政策是用課稅來使人就範的。這個政策在大城市中有必要，也行得通，但在農村卻不收效。因此，這條法例對農民較為寬鬆。一個孩子家庭及死人一律火化的政策大概把中國傳統的家庭文化解散了，正如在西方，家庭已經不再是社會援助的主要機構，不再是人所必需的「窩」一樣。不過，中國人民和政府若看出西方「現代化」所付出的代價，如寂寞、人與人間的疏離等等，也許是有幫助的。國家的社會服務工作能否代替家庭的親情連繫呢？誠然，現代工業社會所破壞的，必須透過工廠、城市的機構及國家予以補償。可是，所得真的勝過所失麼？

人們認為西方工業文化及其意識形態，不管那是資本主義或社會主義，其宗教根源都是在於所謂的**亞伯拉罕宗教**中——即猶太教、基督教及伊斯蘭教，這種看法是有道理的。因為這三個宗教是盼望的宗教，因此是歷史生活的宗教。比較來說，自然在這裏所扮演的角色不大。他們信仰的祖宗是亞伯拉罕。「上主」對他說：「你要離開本地、本族、父家，往我所要指示你的地去。我必叫你成為大國。我必賜福給你，叫你的名為大；你也要叫別人得福。」（創十二 1～2）對於這三個宗教來說，亞伯拉罕這樣離開本地、本族和父家，在外地「長征」尋找將來的家鄉，就是盼望上帝國[3]要降臨的預表。由於聖經上說，「地上的萬族都要因你〔亞伯拉罕〕得福」（創十二 3），所以這些亞伯拉罕的宗教都要成為世界宗教，在原則上係以全世界為目標。它們以宣教來滲透整個世界，為世上萬族預備上帝國的降臨。它們不是人類和自然環境保持均衡的宗教，不是為了代代相傳，不是為了國家有更大的羣體。它們乃是叫人同過去及現在疏離的宗教，目的是為了上帝所應許的更大的前程。換言之，它們不是自然的宗教，而是歷史的宗教；不是均衡同和諧的宗教，而是衝突同盼望的宗教。像亞洲人所說的，它們是「侵略的宗教」。然而它們卻是發展現代工業意識形態的宗教基礎，描繪出「歷史」的藍圖，又設計「進步」和「全球化」的程式。

「歷史」是怎樣使政權成為合法的呢？如果說，世界歷史的客觀過程是從封建主義經過資本主義而到達共產主義，而「無階級社會」是人類世界歷史的真正目標；那麼，甚麼是正確而合理的政治實踐就清楚不過了。凡與歷史那種客觀趨勢相符的政治便是「進步的」；凡與之相抗相背的政治便是落伍的。這個世界史客觀過程的主體是人。這和舊中國的政治宗教相應，是不言而諭的：正如皇帝是在普天之下執行天意一樣，共產黨也要執行歷史的使命，領導所有在歷史中生活的人。如果黨失責，就失去政權的合法地位，另外有人要接受這個使命了。舊中國的政治宗教是蘊含於「自然」觀的和諧概念中。現在的政治思想，不論是社會主義，或是資本主義，本身是蘊含於「歷史」觀的進步概念中。

自然的舊道重現於歷史的新道中。在中國的舊宗教和新的政治思想之間，我們可以發現更多類似之處。不過更為重要的，今天似乎是看出其中的分別。在理論上，這些分別在於人類的世界史中現代人對**自然的壓制**；在實踐上則在於工業和工業密集區奪取自然資源和破壞自然的再生力量。自然環境和人類心智所承受的壓力，與人口密度的增加成正比；一個城市約有六百萬人口，那壓力就變得無法忍受了。真正的未來，即大地上的人和自然物能夠繼續生存的前景，因此不在於繼續現代的方案：「歷史觀中的進步」，乃在於調和這個方案和舊方案的智慧：「自然觀中的和諧」。保特內外均衡文化這種生態學智慧，必須轉移到促進內外進步這種歷史性工作上去，使自然同歷史、和諧同進步之間達到均衡，和平最後可以出現。今天，老子的《道德經》在中國被視為過時、落伍而遭遺忘，但與此同時，西方世界卻將之印了一版又一版，並在環境生態運動中廣泛流傳，獲得重視。這事看來背理，其實不然。

三　尋求「均衡」和「進步」可行的協調

人類的歷史是在地球所處的宇宙條件下展開的。因此，人類要支配和剝奪自然，不能不破壞自己生存的根基，以致毀滅自己，自然一經「人化」就難免崩潰。它圍繞著，也支撐著人類及其文化。人類及其文化若要繼續生存，就惟有尊重自然的特徵及權利。所謂「自然」，我們是指地球的生態體系。它透過大氣層和生物層吸收太陽能，加以處理，又藉著地球的自轉和公轉確保晝和夜、夏和冬、雨水和陽光的循環。[4] 地球這些宇宙條件是非常穩定不變的，使到世上幾百萬年來都可以有生命。人類的文化也一直尊重這些條件，與之適應。排擠和藐視自然藉以維持生命的條件，始作俑者是近代的計劃：「科技文明」。今天，這種文明不獨已達到「增長的極限」，更進入自己在宇宙得以生存的極限中。如果這些生存條件受到無可挽救的破壞，則地上的住客——不僅是人類吧了，會連同地球這個生態體系一起死亡，再也沒有新的面貌了。所以說，「歷史觀的進步」若要站得住，惟有將「歷史」觀納入一個新的「自然」觀中，即把舊「自然」觀的智慧汲取，移植到現代「歷史」觀的框框之中。這不是隨意的、浪漫式的回歸自然，乃是在生態學上採取必要步驟以邁向自然。工業世界不能以目前的形式繼續生存，因為它靠破壞自然為生。後工業的世界（post-industrial world）將是一個在生態學上與自然相適應的世界。人類社會能否繼續生存，全視乎它是否建基於同自然有一個新的均衡上。從工業過渡到後工業時代，從歷史觀的進步轉到要同人類文明的自然條件獲得新的均衡，不少學者認為那是一個「轉捩點」，[5] 並且嘗試用中國的陰陽觀念去理解：在男性的、索求的、侵略的、理性的和分析的**陽性時代**之後，該是女性的、保護性的、容易接近的和綜合性的**陰性時代**。陽的作為與自我有關；新的陰的作為卻與環境相協調。兩者的過渡是自然而然的，文雅而輕盈。「一陰一陽之謂道」（《易經》），意即陰退陽進，陽隱陰顯，交互作用，循環不已。核子毀滅潛能的堆積已達到荒謬的程度，人類摧毀動植物已危及自己，而自然生命力遭受不留餘地的消耗，第三世界飢民的集體餓死，在在使人絕對相信人類的時代經已走進一個死胡同了。在現代「歷史」計劃中那個「科技文明」，其蘊藏的毀滅性矛盾不是這個計劃內部的力量可以化解的。能夠保證我們繼續生存的，不是繼續把自然合併到人類的進步歷史中去，乃恰恰相反，是把人類的進步歷史歸納到地球這個生態體系的節奏和循環中。

在中國的古文化中，道家提倡人與自然合一以達至與自然協調，又主張人在自然中應無為而治。這種看法對於現代人尋求一個可以令我們繼續生存的文化大有裨益。「是以知無為有益」(《道德經》四十三章)。把大地看為「萬物之母」這種神祕主義觀念含攝著一種智慧，叫我們洞悉地球上的生態條件：「既知其母，又知其子」(五十二章)。人類不是「自然的主人及擁有者」，乃是「地球」生態體系的「孩子」。在「無為」中，人可是積極臨在的，這有點反映出聖經安息日的智慧：「生而不有，為而不恃，長而不宰，是謂玄德。」(十章)第七十六章標明要從「硬科技」輕輕轉到「軟科技」去：「人生之柔弱，其死堅強……故堅強者死之徒，柔弱者生之徒。」「天下柔弱莫過於水，而攻堅；強莫之能先……故弱勝強，柔勝剛。」(七十八章)

到目前為止，現代的「科技文明」促進了**中央制的組織**，諸如工業區、工業集團、人口密集的大都會、中央能源供應等等。工業和人口作這樣的集中化可給自然環境帶來負擔，使之趨向毀滅。所以工業區愈密集，樹林就枯死得更快，而雨水愈不純潔，空氣愈加污染。如此下去，工業力量進一步集中實在說不上是甚麼有意義的進步。如果人類歷史的設計要繼續行得下去，人類的文明就必須分散。現代的通訊技術經已使笨重的行政中心成為多餘。使用太陽能的新方法將要取代中央能源供應系統。使到各國的社會和政治結構有權力分散的可能。於是各省政府之於中央政府，各社區之於省政府，都變得更加獨立。人們生活在可以看得見的團契中，自能克服個人化的傾向及人與人間的疏離。道家的理想：「小國寡民，使有什佰之器而不用……雖有甲兵，無所陳之」（八十章）並不是虛無飄渺的事。修馬克（E. F. Schumacher）在其所著《小即是美》（*Small is Beautiful*）一書中即採用了這種思想，並將之用於療治現代大都會的創傷上，很有影響力。[6]

現代「歷史」觀以階級鬥爭的**矛盾**為出發點，採用社會主義形式，其實際理論就是藉無產階級的自我解放以解放全人類。如果這種鬥爭在某一個國家獲得成功，人們就可以宣布階級鬥爭結束了——像中國那樣。既然再沒有階級存在，那麼人們大可以把那種矛盾的**鬥爭辯證法**轉變為陰陽的**和平辯證法**，使「非對抗性的矛盾」在新社會中不再是矛盾，乃成為在生命的變動均衡中互相補充的運動。要創造社會一個新典範，使之可以和大地的自然相協調，可以繼續生存。換言之，要創造一個後工業的社會的新典範，中國古代思想那種充滿張力和動力的和諧追求，又再度為我們帶來無可估量的重要意義。沒有均衡的矛盾可能會帶來致命的危機，而沒有矛盾的和諧只是一種幻象。

3

道——中國的世界奧祕：一個西方人眼中的《道德經》*

曾念粵 譯

* 本文曾刊於莫特曼：《科學與智慧——自然科學與神學的對談》，曾念粵譯（台北：校園書房，2002），頁 222~245。

沒有任何一本亞洲的書像《道德經》那樣吸引歐洲人的心靈。從萊布尼茲到海德格(Martin Heidegger),哲學家們在這本書中發現了基督教之外、最純粹的「自然神學」或是真正的、普遍的形上學。布伯(Martin Buber)的《道的教訓》(*Chinese Tales: Zhuangzi*, 1910)和梅頓(Thomas Merton)的《莊子的比喻》(*The Way of Chuang Tzu*, 1965)在這本書中發現到那個超越既有宗教之外的、獨特的宗教神祕。最近,深層生態學家和祕傳者將他們的興趣投注在這本書上,並且應用於他們的圈子中。在一次大戰前的德國,基督教神學家曾對《道德經》進行過激烈的討論,然而在此之後便沒有值得一提的事。在本文中,我將特意以我個人的眼光來讀這本書,並就個別的章句來形成我個人的想法，而這些章句原本是當作思考性的句子，正像禪宗的公案一樣。這絕對不是歷史批判的解經，也不是原意的詮釋，而是思想（超過千年的差距並加上空間和文化的距離）相遇的結果。[1]

一　道與行

標題中就已經隱含所有的內容：「道」[2] 乃是使一切運行的那個世界奧祕，「德」乃是德行，它尊循「道」的指示，並且與「道」相符：「孔德之容，惟道是從」（二十一章）。行的典範乃是道，亦即生命的過程。西方的思想以它傳統的概念來掌握那個神祕的「道」，例如：意義、上帝、道路、原理、聖言、理性、一……等，可是卻無法了解「道」。因為那正是「道」的本質，它無法透過人的概念來界定或表達。如果我們去掌握它，便不了解它；如果我們不去掌握它，我們便在了解「道」的路上。我們可以說，「道」是甚麼，我們可以說，「道」不是甚麼；只有當我們兩者都說時，我們才比較接近「道」。因此，老子開宗明義地說：「道可道，非常道」。莊子說：「道不可言，言而非也。」[3] 這讓我們想到在神性的奧祕之前沉默不語的宗教藝術，可是這邊的意思並不是這樣，因為人面對「道」時必須同時言說和沉默。如果人一再將自己的言談帶入沉默，就做到這一點。

道可道，非常道；名可名，非常名。

「道」的特質是：它不是可以指示的道路，也不是可以名狀的事物。它是永恆的道路和永恆的名字。在本書第一句話中，和「道」的永恆性聯繫的「否定」可以指涉身為人的「我們」：因為我們有時間性，我們是必死的並且不可靠，所以我們的道路並非「道」的永恆的、不死的、可靠的道路；或是可以指涉我們的「指示」和「稱謂」：並非我們向「道」指示道路，而是「道」指示我們；不是我們「稱謂」它永恆的名字，而是「道」認識我們的名字。在這兩種情況中，「道」超越我們的存在和作為，這種質的超越性被突顯出來。

我們想到先知以賽亞說過有關上帝的話：

耶和華說：我的意念非同你們的意念；我的道路非同你們的道路。天怎樣高過地，照樣，我的道路高過你們的道路；我的意念高過你們的意念。（賽

五十五8~9)

「常」這個字描述了「道」的永恆性,這也指它的持久性和可靠性。這同時也指出,「道」決定一切,而不受任何事物的決定,即它的超越性和主權。老子用辯證的方式作了如此的表達:

無,名天地之始;有,名萬物之母。(一章)

道常無為,而無不為。(三十七章)

如果「道」被稱作「常」(不改變),那麼它一定同時是一切變動的源頭。「道」超越空間和時間,但是它也同時在時空之中。因此,它總是必須同時透過否定和肯定來描寫。第二十五章說得很好:

有物混成,先天地生。寂兮寥兮,獨立不改,周行而不殆〔否定〕。可以為天下母〔肯定〕。吾不知其名,字之曰道。

「道」是永恆的，也是無名的；可是當它開始發生影響力時，就有了名字（三十二章）。道不是道；一旦當它運行時，它就是道。如果道影響到存有者，乃是透過「無為」。「功遂，身退，天之道」（九章）。如果「道」是透過「無為」而發揮影響力，那麼它乃是自由並自發地透過自身而發揮影響力。「天長地久。天地所以能長且久者，以其不自生，故能長生。」（七章）

由於「道」在一切事物上的作用，「道」乃是事物之本質。如果事物的本質不像柏拉圖（Plato）所說的，是在於超越的理念中，而是在於它的道路，那麼這個道路一定得理解成過渡中的改變，即動態的。這種相生相剋的辯證性特質產生了：名和無名，無和有，為和無為。它是否涉及聖經的和西方的意義中具有開始、進步和目標的「道路」？顯然不是，除非「道本身即是目標」。顯然，中國的「道」涉及一條來來回回的「道路」，或者說得更準確一點：在交互的否定和補充間徘徊。[4]

> 故有無相生，難易相成，長短相較，高下相傾，音聲相和，前後相隨。（二章）

道上的徘徊也用「陰與陽」來描寫。在這種思想中，並非事物是首要的，其運動和改變是次要的，而是只有在變動中才有事物，正如上文的「相成、相較、相傾、相和、相隨」。

道是「有位格的」或是「非位格的」？那些想把「道」和具位格的上帝加以比較的基督教神學家，常提出這個西方的「是或不是」的問題。然而，答案不可能是兩者皆是，而是兩者皆非。只要「位格」是適用於人的概念，那麼這個概念在道家學說中便不會運用在「道」身上，因為這不像聖經傳統中介於上帝和自然之間的是人，而是自然介於「道」和人之間：

> 人法地，地法天，天法道，道法自然。（二十五章）

因此，自然不會在人裏面遭到棄絕的命運，相反的，人融入影響萬有的「道」中。效法道意謂著效法自然，正如斯多噶學派（Stoics）的拉耶特斯（Diogenes Laertes）所說的：「符應自然」。

「道」本身的無與有、無名與名、不可言與可言使得「道」成為它本身的「有」、「名」與「言」的主體。有的原因與「道」在世界中的顯明在於「道」本身。在它的無中，「道」是無名的、不可說的，而在它的有中，「道」是有名的、可說的。

與之不同的是：自從帕曼尼底斯（Parmenides）和柏拉圖起，西方哲學便從存有者的「存有」，而不是存有者的「無」出發。存有乃是絕對的當下，它從來不是「尚未」或是「不再」，它排除了任何的無。基督教的神學完全走希臘哲學的路子，並且從上帝絕對的存有出發。直到有關上帝的可命名性和可言說性的問題上，才產生出有限的人和無限的上帝之間無盡差異的印象，換言之，有限的人為無限的上帝所取的任何名字和概念都是不適宜的。希臘的傳統在這一點上形成了「否定的神學」（apophatische Theologie），而西方教會的傳統在這一點上形成了「否定論神學」（negative Theologie）。這兩種神學都強調上帝的存有，可是卻認為祂的本質是完全無法理解的。我們根據所經驗到的上帝的作為而給祂所取的所有名字，都無法觸及祂的本質。人所有關於上帝的言說都只是類比罷了，正如佛羅倫斯的大公會議（The Council of Florence）上所說的：「在更大的差異性中的相似性」（Ähnlichkeit in immer noch größerer Unähnlichkeit）。當愛爾蘭的經院哲學家埃里金納（Johannes Scotus Eriugena）也對存有的言說抱持懷疑的態度時，他說的更極端。所有我們命名的和言說的停留在存有者（das Seinde）的領域中。可是，神性乃是「無」，因為它本身並不是存有者的存有（das Sein des Seinden），相反的，連存有者的存有也是從它而來。當大師艾克哈德（Meister Eckhart）將神性稱之為存有者的存有以及存有者的無時，他採納的是埃里金納的觀點。

這個辨證指出了甚麼？在道家思想中是如此說的：道只有透過道來認識，在基督教神學中：上帝只有透過上帝來認識。「在你的光中，我們必得見光。」（詩三十六9）這不也意謂著上帝並非直接自我啟示，而是使我們的觀點、命名和概念成為祂自身存有的類比，並且祂透過我們的觀點、命名和概念間接自我啟示？聖經神學論及上帝透過人而自我啟示，而道家思想則沒有談到。可是，道家思想卻區分道的本質和道的作用，前者在「無」裏面，是無法辨認出來的，而後者可以在一切事物和變化中感受到。可是這裏涉及的不是啟示或是信心，而是「德」，亦即和無所不在的道相符的生命中所產生的德行。根據西方的傳統，我們可以稱之為「奧祕」，可是我們必須從宇宙論的角度來理解，而不是從非宇宙論的角度，正如西方的神祕主義者離開感官的世界，在自己靈魂的自我超越中找尋上帝一般。

基本上，道的非存有者的存有、無名之名以及無法言說的言說，比那個在相同和不同間所傳遞的類比範疇更具一貫性，因為它導致矛盾和符應，說得更準確一些，透過矛盾而導致符應。在此辯證的神學中，是與非是同義的，而類比神學的類比卻非常不確定，並且保留在變動的狀態。在差異性中的相同性只能表達：它可以是這樣，它也可以不是這樣。有人說：「上帝是我們的父親」。如果我們反問：祂真的是嗎？那麼他應該回答：可能，我們不曉得，那只是一個宗教的類比罷了。

如果我們一貫地堅守那個辯證，那麼我們就不能停留在那個對道的本質和作為所做的簡單的、非辯證的區分上，而是應該兩個都說：上帝的本質是祂的作為；上帝的作為不是祂的本質。對基督教神學而言，以下兩者都適用：在宣講的行為中，上帝的話語是在人的話語中，而且「你們赦免誰的罪，誰的罪就得赦免了」；可是在禱告的行為中，人的話無法達到上帝永恆的榮耀，以致於剩下來的只是驚訝的沉默。在言說和禱告這兩個相對的運動中，等同和差異乃是兩個互補的面向。

二　道的宇宙起源及上帝的創造

根據《道德經》，一切事物從道而出，並且歸回道。老子用「萬物」來表達一切事物。首先，我們思考萬物的起源，然後思考道在萬物中的作用。

如果道本身透過無和有來描寫，那麼萬物是出自於有，可是有卻是出於道的無（四十章）。

天下萬物生於有，有生於無。

萬物源於道的「有」——正如新柏拉圖主義的普羅丁（Plotin）——被思考成一種道的三段式自我發展。

「道生一，一生二，二生三，三生萬物」，著名的第四十二章如此說。

在民間道教中，這個充滿起源色彩的「三」被描述成「三清」。那是三位天帝，他們有時候在由前到後的一排，有時在一張長椅由左到右被描繪出來。他們經常和三個時態聯結在一起：1）天寶君，又稱元始天尊，時態：過去；2）靈寶君，別號太上道君，時態：現在；3）神寶君，太上老君，時態：未來。我們可以在北京道教白雲寺看到他們。

《道德經》德文翻譯本用的動詞：schaffen（創造）並不恰當，因為它引進了聖經的創造概念，Entstehen（產生）、hervorgehen（起源）以及帶主動意味的 erzeugen（生）比較合適。老子並沒有將道的「有」的那一面的三段式自我擴展以及萬物的產生加以區別，而是運用同一個動詞（生）。這意謂著：道的神聖起源延續到萬物的宇宙起源。可是這個延續並不是被思考成連續的：一—二—三象徵天。在西方，天是透過數字「三」，而和天相對的地是透過「四」來象徵的。北京的天壇有三層圓形台階，壇頂有三個圓的拱頂。外牆則是大地的四角。圓形代表完美，因為它是無始無終的永恆的圖像。「周行而不殆」，第二十五章是這樣論及「道」的。如果道以三段式發展並融入天上的完美中，那麼天就成為「地的法度」。如果地上的事物與天和諧地生活，那麼一切地上的事物便符合道而生活。因此，為了透過地而和天結合，為了透過天而和道的三段式結合，為了透過道的三段式而和一切存有者的存有結合，最後為了透過道的永恆的存有而和永恆的無（道的有從它而出）結合，在道分層的自我擴展中，對人而言只有「地的法度」（二十五章）。

在道家思想中，不是帶有男性色彩的「創造」，而是女性的「生」被當作萬物生成的象徵。

天下有始，以為天下母。既得其母，以知其子。（五十二章）

在二十五章中論到道本身：

可以為天下母，吾不知其名，字之曰道。

用來描述道和地的女性象徵是重要的，因為它也影響道的德行。賜生命的力量承載生命，可是卻不去宰制它。它給予生命，卻不取回，使得生命得以自力發展。

萬物作焉而不辭，生而不有，為而不恃，功成而弗居。夫惟弗居，是以不去。（二章）

這個女性的「起源」經常拿來和收納河水的「谷」作比較，從谷中產生萬物，並且受到谷的養育和承載。

谷神不死，是謂元牝。元牝之門，是謂天地根。綿

綿若存，用之不勤。（六章）

道的女性和母性的比喻不僅描述了它化育生命和滋養生命的能力，並且也對比出儒家思想薰陶下的父系社會中地位低下的女性的特點。無疑的，這乃是《道德經》中顛覆性的、甚至是革命性的要素。男性想要創造歷史，而女性保護自然。因此，以長遠的角度來看，取得勝利的是女性，而不是男性。

牝常以靜勝牡，以靜為下。（六十一章）

老子從這邊發展出一般性的智慧。安靜勝於聲響，因為它能持久。低勝於高，因為它能收聚。弱勝強，軟勝硬。

人之生也柔弱，其死也堅強。萬物草木之生也柔脆，其死也枯槁。故堅強者死之徒，柔弱者生之徒……強大處下，柔弱處上。（七十六章）

長期來講，到底哪一個較強：水或是岩石？老子的答案是：

天下莫柔弱於水，而攻堅強者莫之能勝。以其無以易之。（七十八章）

從此衍生出符合宇宙之道的政治美德：凡是自我降卑的，必定勝利；能夠承受全國侮辱的，才配做社稷之主。這乃是一種智慧，也只有在以賽亞書五十三章的「受苦的上帝之僕」和腓利比書二章中才能找到對應。

故大國以下小國，則取小國。（六十一章）

受國之垢，是謂社稷主。受國不祥，是為天下王。（七十八章）

針對這個黑格爾（Georg W. F. Hegel）的哲學辯證——透過為僕而稱王——《道德經》補充道：

正言若反。

在這個荒謬的、不真實的世界中，充滿了不義與對人和對自然的暴行，「正言」只有在其中聽起來才會像這樣，因此才違反維繫人類和大地的道。

就那女性的和母性的比喻而言，老子在自然的比喻中喜歡以水來描述道，因為它賜與生命。

上善若水，水善利萬物而不爭。（八章）

譬道之在天下，猶川谷之於江海。（三十二章）

水也是聖經中對生命之靈的比喻，它要「澆灌凡有血氣的」，為了使他們得永遠的生命。「凡有血氣的」指一切的生命。賜與生命的水所具有的柔弱力量可對應道家的智慧，以及耶穌的跟隨者的溫柔：

溫柔的人有福了，因為他們必承受地土。（太五5）

如果我們將眼光從道家的宇宙起源，轉到聖經創世記第一章和第二章的創世記載，那麼便可掌握到以下的區別：那邊是世界起源的學說，這邊是創世的教義；那邊是非位格的或超位格的道，這邊是超驗的、位格的創造者上帝；那邊是道，這邊是聖言；那邊首先是萬物然後是人，這邊是為了人的緣故而創造；那邊人必須要尊重大地的律則，這邊身為上帝肖像的人必須「治服」大地。我們可以再舉更多的例子，可是這並沒有甚麼用。我們最好注意兩者的對應和一致，因為兩邊涉及到同樣的事實，這事實是道教導我們去認識的以及創造的信仰要啟示我們的。

1. 聖經的創造史教導上帝自由的、沒有前提的「創造」（希伯來文 *barah*），正如後來的概念所說的，它是一種「從無當中的創造」（*creatio ex nihilo*）。如果這位上帝是全在的，並且祂的臨在是沒有界限的，換言之，如果上帝之外（*extra Deum*）不可能存在，那麼這個「無」應該在哪裏？惟一可以理解的觀點乃是源自猶太教神祕主義卡巴拉（Kabbala）傳統中的「神聖自限」（Zimzum）：上帝限制祂的全在，退到祂裏面去，藉此為那絕對的無，即上帝的無預留空間，祂便將祂的受造「使無變有」（羅四 17）。用道家的語言來說，創造者上帝的「有」以及祂受造的存在乃是源自於祂所空出的「無」。即使不認識卡巴拉的傳統，這樣的思想對埃里金納並不陌生，他以新柏拉圖的方式將「無」（上帝從此創造祂的受造）視為上帝本身：「從無當中的創造」乃是「從神的創造」（*creatio e Deo*），因為上帝是「有」也是「無」。

2. 聖經的創造教義不僅在創世記中，也可以在以色列的智慧書中找到。如果祭司的創造史強調上帝超越祂的受造，那麼智慧書則發現上帝以祂的靈（*ruah*）和祂的智慧（*chokma*）在祂的受造中內住。上帝透過祂創造的聖言使無變有，上帝透過祂的智慧形塑一切事物，並且使它們集合在一個團契之中。根據箴言八章22節至31節，上帝的智慧如此說：

> 在耶和華造化的起頭，在太初創造萬物之先，就有了我……他立高天，我在那裏；他在淵面的周圍，劃出圓圈……那時我在那裏為工師，日日為他所喜愛，常常在他面前戲耍，戲耍於他的大地，也喜悅住在世人之間。〔編按：這段經文經譯者按原書修訂〕

道和它對萬物影響的方式與「智慧」之間的符應性是明顯的。「智慧」在此正像超越受造的創造者內蘊於受造的原則，它處於道的「一生二，二生三」的地位，因為天被創造時它已經存在了。它對世上萬物的影響方式比較不是母性的，而是像小孩一樣。在以色列智慧中，成為世界象徵的是戲耍，而不是「無為」。對中國的道而言，自然乃是無為的最高實際。因此這邊所指的正是不受拘束的自發性，而這和智慧在大地及人間的入神的、興高采烈的戲耍完全吻合。

老子說：「牝常以靜勝牡。」可是，耶穌說：「你們若不回轉，變成小孩子的樣式，斷不得進天國。」（太十八 3）孩童透過他的自發性而勝過「牝」與「牡」。孩童的彌賽亞主義棄絕強硬的父性和柔弱的母性，而化身為對將來的、得解放的生命的盼望。因此，以色列箴言中的智慧雖然以「女性智慧」開始，可是卻將它描寫成一個興高采烈地戲耍的小孩。

3. 在基督教神學傳統中，對世界的護理（以避免它的毀滅）正像創造一樣，屬於上帝的全能。上帝是世界的擁有者和主人，祂可以照祂所要的對待這世界。因此，世界史中一切出於祂的預見的事件必須加以忍受，即使我們不明白。可是，如果在全能之下只有超能，如果在上帝的自由之下只有祂的選擇自由或者甚至是專斷，那麼這個出自祂的全能對受造的護理的論據就是片面的。上帝的全能在東正教的神學傳統中比較偏重祂「全然的寬容」。儘管這個世界內在的種種矛盾以及它自我毀滅的威脅，上帝因著寬容和忍耐而維繫這世界。祂的忍耐使得我們和祂還沒完全絕裂（哀三 22）。忍耐乃是因著盼望而產生的能受苦的和願意受苦的特性：「忍耐乃是盼望的藝術」。因為上帝對人的悔改及被造的歸回抱持盼望，因此以無盡的忍耐托住他們，並且給他們時間和自由的空間。當罪惡張狂時，上帝並沒有用閃電從上面攻擊我們，這並不表示上帝不在，而是祂以帶著盼望的忍耐來表達祂的臨在。上帝因著暴行的矛盾而受苦，因為地上的血向天哭訴。可是祂的忍耐、祂的靜默和祂的柔弱，套用老子的話說，乃是「生之徒」，它將要勝過那堅強的「死之徒」。從基督教的角度而言，上帝在護理其受造時的作用很適合用道的特徵來描寫。最後得勝的是那些自願降卑的和那些「受國之垢」的，這比一切其他宗教史中的成分更接近舊約和新約聖經中受苦的上帝之僕的智慧。「受國不祥，是為天下王」應該可以寫在基督徒的書中。這句話使他們發現受苦並釘十架的基督真理。他們稱祂為主。這世界的主來了又走，可是那背負世上苦難和罪惡的，要存到永遠並且配受尊貴和頌讚，直到永遠（啟五 12）。

三　道的復歸及「明」：何謂解救？

萬物源自於道，因此它們也要歸回於道，並且道也和它們回到自己裏面。從道到道，萬有在道的大循環中運動。

> 夫物芸芸，各復歸其根。歸根曰靜，是謂復命。復命曰常。知常曰明。（十六章）

萬有復歸於道，正如它們源自於道一般，這乃是它們的解救。它們回到它們的根源，它們在此根源中恢復到虛無靜定的狀態，並且永遠存留。在此復歸中，萬物恢復它們性命的本真。這乃是它們此在的意義，也是他們運動的目的。這種出現和復歸形成了地球上的自然循環：日與夜、夏和冬、春和秋。可是對老子而言，這個循環的思想如此強烈，以致於他也將此思想當作這世界的形上學。在此形上學中，道不僅是起源和目標，而且它本身就是那個運動：道走出自身而進入萬物之中，並且和萬物回到自身。「反者道之動」（四十章），道歸回到何處？它最後回到它的無。「復歸於無物」（十四章）。道回歸到自身，這確保了萬物以同樣的方式回歸到其根源。它們和道一起復歸。

老子在此說到智者的「明」，這是重要的。我們用倒述的方式來看這個思想程序：「明」意謂「知常」，「知常」意謂「復命」，「復命」意謂「靜」。與道的「和諧一致」在此過程中（五十五章）。欲望在此中止。「故常無欲，以觀其妙」（一章）。固執己見的作為在此中止。「無為而無不為」（四十八章）。「夫莫之命而常自然」（五十一章）。

生而不有，為而不恃，長而不宰，是謂元德。
（五十一章）

復歸的思想也深深影響了基督教從阿奎那（Thomas Aquinas）到黑格爾的形上學：萬有來自於上帝；萬有也要歸於上帝。萬有從上帝的「出」（*exitus*）和萬有到上帝的「歸」（*reditus*）相符應。目標乃是起源的反像，終點正像開始一般。世界的運動是一個惟一的大循環。世上所有直線的運動只是世界大循環中的一部分。從那個「一」生出「多」來，而「多」又回到那個「一」。歸回上帝的運動乃是救恩的運動。如果沒有到始初的歸復，就沒有救恩。救恩在此：所有運動的事物在上帝（它們的始初）中找到安息。

可是，到底是甚麼使得萬物離開它們在上帝裏面永恆的始初？到底是甚麼使它們回歸？那是上帝創造的靈，祂使它們得以出現；那是上帝救贖的靈，祂使它們回歸。對黑格爾而言，這個從上帝到上帝的世界過程乃是絕對之靈的自我實現。絕對之靈（absolute Geist）從自己而出，藉此而回到自身。如果我們將道的三段式「一生二，二生三」詮釋成道的「自我發展的過程」，那麼萬有的復歸過程和它的自我發展過程（道回到自身）是相應的。可是，這可能只是西方所理解的道的歸復過程。

就基督教對世界史的觀點而言，開始和結束並不相對應，因為結束是大過於開始。時間中的創造是開始，而永恆的上帝國是結束。在創造和國度之間的歷史所發生的一切將透過終末審判而改造和接納，並帶進永恆的上帝國。因此，雖然結束和開始之間有符應性，可是兩者並不等同。隨著萬有的創造而產生的時間並不具有圈形的結構，而是由永恆國度的前程所具有的超驗性所決定。所以，時間中的創造並不應該理解成具有圈形時間結構的「封閉體系」，而是一種具有無法逆轉的時間結構的「開放體系」。可是道的世界乃是一種具有圈形時間結構的「封閉體系」。萬物的出發和復歸可能不停的重複，可是運動方式總是相同的。道的世界並非對將來開放的。「德」並不是針對將來的。「明」和永恆的道一致，可是盼望卻不是這樣，根據聖經的觀點，它乃是和上帝的應許一致，往前進展。

四　世界的生命：氣和靈

《道德經》和舊約聖經中有關神聖的生命之力的觀點特別接近。前者的「氣」和後者的「靈」在許多方面是一致的。當然兩者之間也有顯著的區別。

老子將「氣」這個中國古老的概念賦予賜生命、使生命維持和諧運行以及保護生命的意義。他將它標示成「一」。

> 昔之得一者，天得一以清，地得一以寧，神得一以靈，谷得一以盈，萬物得一以生，侯王得一以天下貞。其致之……萬物無以生將恐滅。（三十九章）

根據第四十二章，「一」乃是道最先產生的，「二」和「三」從它而出。

> 三生萬物，萬物負陰而抱陽，沖氣以為和。

（四十二章）

氣和陽氣是指氣的互補性力量。這個力量使得一切從靜止到運動及從運動到靜止的過程都和道相應和。「和」總是運用在和道的符應性上。始初的與從道的「有」最先產生的乃是氣的生命。它乃是生命力和生命空間的合一，也是生命時間和生命關係的合一。

根據中國古代哲學，氣乃是全在的、無形的，可是它卻是形塑一切存有、一切生命和人的力量。因為它是無形的，所以可以形塑一切。因為它是空的，因此可以接納一切事物。因為它是一切事物間的「中介」（das Zwischen），所以它可以在一切存在中造成普遍的同感。因此，《道德經》是這樣論到陰和陽的互補力量：

沖氣以為和。（四十二章）

陰和陽不是指兩股不同的力量，而是指自然界中冷和熱、光和暗、產生和消逝、出生和死亡……等互補的過程和韻律。如果陰和陽不調和，則冷和熱來的時間就不對。當它們互相激盪，便產生一切本質。這邊牽涉到的是一種互補性的統一原則，它不是產生於事物之間，而是事物從這個互補的運動中產生並取得形狀。這不僅適用於部分的過程，如日和夜、光和暗，也適用於整個自然和人類的生命。莊子說，世上一切的本質、運動和變動可理解成天籟。正如德國浪漫主義者布連塔諾的克里門斯（Clemens von Brentano）所說的，「萬有的內在永遠是相連的」。氣是一種世界之靈（Weltgeist），它使一切充滿生命、運動、變化和強化。在它裏面，萬物互相依靠。

在舊約聖經中，對上帝的靈的描寫也完全相似。上帝透過祂的聖言創造出「萬物」之前，上帝的靈以震動的能量場域臨在於混沌之上（創一 2）。聖言像聲音一般來自於狂風，正像氣一般，可是聖言也指永恆上帝的氣息和受造的生命力。

「……你收回牠們的氣〔生命力、生命之靈〕，牠們就死亡……你發出你的靈〔生命力及上帝的能量〕，牠們便受造；你使地面更換為新。」詩篇一〇四篇29至30節如此說。約伯記三十四章14節所說的亦完全相似：

「他若……將靈和氣收歸自己，凡有血氣的就必一同死亡；世人必仍歸塵土。」

《智慧篇》十一章26節說，創造者上帝乃是「生命之友」，因此「祂永遠的靈在萬有中」。

從舊約聖經這少數幾處引文可以清楚看出，受造乃是因著靈不斷的注入而被創造，在聖靈的能力中存在，並且在靈中被更新。上帝之靈造成一切受造的存在、形狀和變化，祂「堅固」受造並且在交互的生命替換中維繫受造的團契。上帝的靈正是宇宙的靈。上帝的智慧經常被當作上帝的靈，它啟示受造的的次序和變化。「主的靈充滿了世界」(《智慧篇》一 1、7)。

根據聖經的傳統，因為萬有都是藉著聖言所創造的，所以它們彼此也是可以明顯區分的。它們並非是宇宙能量場域中臨時的現象，可是他們都被同樣一個靈所創造，因此它們同屬於一個大的、和諧的團契。聖言的創造和靈的居間協調正像現代原子物理中的「波」和「粒子」一樣彼此互補。相對的，道家的思想似乎較偏愛陰和陽的能量場域，這可以從《易經》看出來，其重心和創世記的不同。

聖經說的兩種靈稍有不同：有「上帝的靈」和「受造的靈」，在新約聖經中有「上帝的聖靈」和「我們的靈」(羅八 16)。因著靈裏面的這個區別，可以掌握創造者上帝和祂的受造間質的區別。世界的生命之靈源自於上帝永恆的靈，可是和祂並不等同。上帝永恆之靈乃是上帝的主體，可是世界的生命之靈是個不具位格的中介，它穿透萬有並且凡具有生命的都住在它裏面。《道德經》並不認識這個區別。氣是第一個從道的「有」所產生的，並且它也穿透、安排並改變萬物。它不僅是神聖的，而且比神聖還超越，因為神只有因著這種統一性才顯出大能。

中國人的智慧書既接近又遠離猶太人與基督徒的智慧書。當它愈接近我們，我們便愈體認出差異；當我們愈感知差異，我們便愈理解它。它們兩者都涵蘊著充滿奧祕的自然，而與自然協調合一是我們窮極一生所追尋的。

4

敬祖與復活盼望*

曾念粵 譯

* 本文於二〇〇五年十月十二日以〈盼望與祭祖問題〉為題，講於中原大學「神學講座」。

一　祖先崇拜

人死後仍有生命的想法不僅對死人，而且也對那些摯愛的人死去後自覺為「留下來的」生者，具有意義。假設他們不知道死者在哪裏，他們如何能夠維繫和死者的團契？人死後仍有生命的想法不僅説出一些關於人自身的命運，而且一定也包括和死者的團契關係，並對生者是重要的，無論他們在死者的臨在中生活，或是根本不再願意知道他們的事。

在現代的生活中，人自主地成為自己的這種個體意識，排擠了在世代的序列中生存的集體意識，因此，生者和死者的任何團契都被摧毀了。死者在現代的意義中是

「死的」，也就是說，他們不再存在，不再具有意義，並且人不再感受到他們。我們不再需要顧念我們的祖先。他們再也不會豐富我們的生命，也不會折磨我們的生命。他們死去時，我們曾告訴自己：「生命必須繼續下去」。我們並沒有問，死者會變成甚麼，反而只問，生者在此之後應該變成甚麼，因為我們相信進步。按照這個方式，現代社會中形成了生者宰制死者的情況。後代排擠先祖。

亞洲傳統社會中的「祖先崇拜」，經常被西方及現代社會藐視為掌控著生活的要素。在這些要素中，祖先和後代的共契被表達出來。祖先的世界乃是生者的世界的另一面，而且它是較大的一面。因此，後代的生命必須納入祖先的世界中。為何會發生此事，它又是如何發生的，我要引用荷蘭的外交官兼詩人范古立（Robert van Gulik）的小說中的一段描述。他描述第九世紀唐朝的一位官員：

> 官員起身後，誠惶誠恐地打開櫃子的扇門。櫃子的格層立滿了條幅狀的木製牌子，每個木製牌子都立在雕刻的木製小平台上。那是翟官員祖先的牌位，每個牌位上都用燙金字體寫上每個祖先的名字和輩分，以及他們出生和死亡的年份、日期和時

辰。官員又跪下來，並且磕頭三次。然後，他閉起雙眼全神貫注。上一回放置祖先牌位的扇門是在太原被打開的，那是二十年前的事了，他的父親在牌位前宣布他和他的元配的親事。他和他的妻子跪在他父親的背後，他看見他父親纖瘦的身材，鬍鬚已白，滿臉皺紋，但面容慈祥……他好不容易認出祠堂遠遠的盡頭那邊端坐的是身穿金色閃亮長袍的最早的祖先。他活在孔子之後不久的時代，離翟官員有八百年之久……官員以清楚的聲音說：「翟家不肖子孫，翟蒸夏，故內閣成員翟春源之長子，敬告列祖列宗，不肖子孫有負國家民族所託之重任，因此今天罷官離職」。當他安靜下來後，列祖列宗緩緩出現在他的心靈之眼。[1]

「祖先」並沒有像現代意義中的「不再存在」而死去，他們繼續存在於靈界，並且如此地臨在於生者之中，以致於生者知道受到他們的承載，並且必須為他們負責。家庭中一切重要的決定必須告訴他們，在新年的節慶中，他們在祖宗牌位前受到長子的崇敬。在韓國的秋收節，人們在墳墓旁紀念祖先。祖先能夠因著他們的不安而折磨後代，也能因著他們的平安而祝福後代。「後代」活在一種祖先經常臨在的意識中。生活中一切重要的事情必須在列祖列宗之前決定，因為它不僅關乎現今和後代，也關乎祖先，特別是關乎他們的榮辱之事。正如舊約聖經中長串的族譜以及中國和韓國幾百年的祖譜顯示，超越時代的世代共契乃是生命本身重要的成分。在此，沒有這種集體的連續性就沒有個體的身分。[2]

二　針對祖先的盼望

這種對祖先的崇敬是宗教的崇拜，還是對生命的敬畏中理所當然的一環？這乃是十六世紀末基督教在中國宣教的問題。著名的義大利神甫利馬竇（Matteo Ricci）所屬的耶穌會不認為中國的祭祖、儒家對祭祖提出的論據和基督信仰之間有任何的矛盾。然後，方濟會和道明會的宣教士到了中國，將這種中國的習俗咒詛為偶像崇拜。教廷在一七一五年和一七四一年透過兩道反對耶穌會立場的諭令決定了這場爭辯，並且禁止基督徒祭祖。要成為基督徒因而意味著首先要離開他的中國家庭。

然而，一九三九年教宗碧岳十二世（Pius XII）宣佈，祭祖在現代並不是一種宗教的崇拜，換言之，不是偶像崇拜，而是一種與基督信仰完全調和的市民儀式。後來的這種意念的轉變並不完全是自發的：日本政府要求在日本權力範圍內的基督徒崇拜神道教，藉此承認日本的國家神道：日本天皇必須當作神明來崇拜。在這樣的一個時代中，祖先崇拜事實上成為政治的偶像崇拜，而且基督徒的反抗受到禁止，致使天主教承認祖先崇拜。然而，在那時候也有夠多的殉道者，他們基於個人的信仰反對日本的天皇崇拜。如果中國的皇帝不是人，而是「天子」，如果日本的天皇不是人，而是神明，那麼便對基督徒產生那種因耶穌以祂那著名的話而引發的衝突：「該撒的物當歸給該撒，上帝的物當歸給上帝」。這意謂，上帝是上帝，凱撒是人；那麼他所配得的，只是一種透過信仰上帝為先決條件的尊敬和受到上帝的誡命所限制的順服。

基督教是否可能有一種尊崇祖先的方式？新教的宣教士在中國、韓國和日本宣教時，經常將敬祖標示為偶像崇拜，並且在受洗時要求基督徒拒絕祖先。於是他們助長了現代西方文化的個人主義和進步觀，並摧毀了古代亞洲的家庭文化。亞洲的基督教最好能發展出本身基督教的敬祖形式，這會使得中國、韓國和日本的基督徒可能維持中國人、韓國人和日本人的身分。是否有神學上的根據來支持基督教的敬祖，而這些根據不僅有助於基督徒順應亞洲文化，而且也導致基督徒改革亞洲文化的文化？

是否有一套基督徒的敬祖方式，能使得回憶的文化被導入現代個體主義、只以進步為主導的世界中？有三個神學根據：

1.「因為不信的丈夫就因著妻子成了聖潔，並且不信的妻子就因著丈夫成了聖潔。不然，你們的兒女就不潔淨，但如今他們是潔淨的了。」（林前七 14）保羅在論及基督徒和不信的配偶離婚的問題上寫道。我認為，這個代表性的成聖也可以擴及到祖先。後代的信仰也可以發揮成聖的果效，而回溯到家庭中的前幾代。我們可以根據使徒保羅的意思繼續說：否則你們的祖先就不潔淨的，但如今他們是潔淨的。假設他們在這層意義上是聖潔的，那麼他們就應該受到尊崇，那麼後代和他們的家庭關係也就不會因著後代成為基督徒而斷裂，反而成為聖潔。使家庭的關係成為聖潔，即意謂著將它帶到上帝面前，並且將這個關係放在祂的祝福中。

2. 基督的團契不僅是生者的團契，也是死者的團契。它不僅是「兄弟和姊妹」的團契，也是母與女、父與子的團契，也是母與子、父與女的團契。保羅在羅馬書寫道：「因此基督死了又活了，為要作死人並活人的主。」（羅十四 9）祂對死者的統治還不是死者的復活，而只是拯救他們，並將他們納入基督的團契。「降到陰間」，正如〈使徒信經〉上所說的，基督摧毀了死亡的權勢，並且接納了死者。因此基督的團契是生者和死者的團契，也是生者和死者在祂裏面的團契。在復活的基督裏，死亡的圍牆傾倒了。所以，在這個基督的團契中，死者不是在現代的意義上「死了」，而是在原始的意義上「臨在」。這是亞洲的敬祖以及在死者臨在中的生活的真理成分。基督的死亡和復活，不僅對現今具有將來的意義，而且也對過去包含一種盼望。死者復活的盼望，是我們所認識到的針對過去的惟一的盼望。換言之，死者已經藏身於這個盼望中。從復活的角度看，他們已經是聖潔的。復活的「前景」是基督信仰的新的光輝，它照在崇敬祖先之上，並且將崇敬祖先提升到嶄新的層次。在此光照中，現代西方世界的基督徒也能再度滿懷盼望地轉向他們的死者，並且透過回憶的新文化來克服遺忘的轄制。

3. 〈使徒信經〉中說到：「降到陰間」，這對許多人而言是晦暗不明的。在基督如〈使徒信經〉所說「死了，埋葬了」

之後，祂還能做些甚麼？基督到陰間幹甚麼？祂的死對死者有意義嗎？彼得前書三章18至22節與四章6節說到，基督藉著復活的生命之靈向死人傳福音。因此，這邊所指的死者首先是「上帝容忍等待的時候，不信從的人」，然而卻也是指所有的死者，「好讓他們在上帝之靈中生活」。這如何可能發生，是否死者聽了基督的福音，正如生者能夠相信一樣，卻沒有在這裏被提到。我們只要知道這樣就夠了：死亡無法限制基督拯救的福音，因此在基督信仰中也包括了針對死者的盼望。對我們活著的人來說，他們雖然死了，我們也無法為他們做甚麼，但是對復活的基督而言，他們在這一層意義上不是死的。祂和他們同在。祂能為他們做些事情。祂在他們身上有些可能性。而且祂為他們做了些事情。祂並沒有徒勞無功。最終，祂不會將他們交給永遠的死亡。祂降到「陰間」，為要使陰間成為祂的國度，並以祂的生命充滿它。因此，認識這一點是重要的：降到陰間乃是祂在復活上的第一樁行動。基督「按肉體說，祂被治死；按著靈性說，祂復活了。」（三 18）祂到死者那邊去。

東正教復活節的奇妙的聖像，將復活的基督描繪成新人類的元首，祂手牽亞當和夏娃，將他們拉出死亡的國度。在東正教的復活節禱歌中說到：「現今，一切都被光充滿了，天和地和陰間。整個受造在基督的復活中歡樂。」基督是這樣「降到陰間」，為要以復活的歡樂來充滿陰間。死亡之暗夜成了復活的晨曦。凡是和基督一起思念死者的，必定不將眼目轉向無法改變的過去，而是定睛於所盼望的將來。分離的傷痛將在聯合的盼望中得安慰。在基督裏，生者和「祖先」聯合在奇妙的盼望團契中。

我們愈接近基督，就愈接近死者。在拉丁美洲基層教會的主日崇拜中，經常會呼喊那些被軍事獨裁者殺死的「失蹤者」的名字，而會眾則呼喊：「臨在。」他們並沒有失蹤，他們並沒有死去，他們在基督裏，他們和我們同在。主日崇拜中基督藉著聖禮的臨在是特別地真實。這乃是天主教死者彌撒的更深層原因。死者也臨在於人們以前所稱的施捨之中。這裏涉及到馬太福音二十五章說到的，基督臨在於「我的弟兄中最微小的」。成為世界審判者的人子說：你們做在他們身上的，就是做在我身上；因此，他們也指在我身邊的死者。

三　為死人禱告？

為死者禱告有意義嗎？因為以色列的信仰以特別強

烈的態度和它周邊環境的死者崇拜做了區隔，所以忠於聖經的宗教改革者不認為有必要繼續中世紀教會的死者彌撒和為死者的禱告。根據路德（Martin Luther），人們應該為死者禱告幾次，然後交託給基督。根據加爾文（John Calvin），人們不應該再透過禱告干擾基督和死者的團契。現代的奮興佈道家經常以威脅的口吻向生者闡述信仰決斷的時刻：不信死後會滅亡，就連禱告也沒用。他們導致了印度喀拉拉省（Kerala）敍利亞—東正教的分裂。東正教還是保留為死者禱告的慣例。

我本身不相信，我們的禱告能夠或必定為死者的拯救做些甚麼。可是我相信，從死裏復活的基督在陰間也有拯救的可能性，否則死亡就比祂更強。在為死者的禱告中，我們尋求和他們團契，我們和他們之間的這個團契，對我們在地上的人而言，因著他們的死而中斷了，可是在那位除去死亡權勢者的裏面，卻保留著。假設我們為死者禱告，那麼我們也開始在他們精神的臨在中生活。在我們所做的或所遭遇的一切事上，他們彷彿在我們之上看見我們。死者也為我們禱告嗎？在交互的共契中，我們也可以信靠他們的代禱。〔參編註一〕

為要紀念生者和死者在基督裏的團契，在葬禮中引進一種和解的儀式是好的。要為尋求和好，我們祈求上帝赦免我們虧負死者的一切，並祈求上帝赦免死者虧負我們的一切。然後我們便能在上帝的平安中與死者生活。罪惡感和批評不必再折磨生者，生者的親屬也可以在這種意識中死去：他們也能夠在他們和別人的生命關係中找到平安。

在那些受到敬祖傳統影響的國家中需要一種新的盼望的文化。在這種考量下，基督徒也應當注意到，對祖先的尊敬和感謝不僅應該由年長的兒子們，而且也應該由女兒們來表達，因為他們都受洗，在基督裏並不分男人女人，所有人都合一了，並且是來臨的上帝國的產業（加三 28～29）。

生者融入祖先的世界和死者融入後代的世界相輔相成，以致於達成一種和諧的世代連續性。這理由在於：從基督信仰的角度看，祖先不再從神祕的始初——他們因著年紀而比後代更接近此一始初——的角度出現，相反的，祖先和後代在將來的死者復活的角度中出現，換言之，他們共同盼望「將來世界的生命」。他們在基督裏的團契乃是盼望的團契。在過往的時代中，這個盼望產生了共同的現在。

在現代西方世界中，我們需要一種回憶的新文化，為了不要以個體的方式在每一天中生活，而是超越每一天的界限，遠眺將來。每個人的個體化導致了一種很短的時間意識，它只是一種現時的時間意識。假設我們把時間只關涉到我們身上，那麼我們就有時間壓力，因為如我們所說：「生命是短暫的」。只有當我們將我們的生命時間再度放在世代大脈絡中來看待，我們才能在回憶過往和盼望將來時贏得時間。時間壓力便得到紓緩。由於我們已經失落了以往不言自明的傳統意識，今天我們尋求一種「世代契約」。我們所指的是現今世代與將來世代之間關於自然資源的使用和文化生活機會平衡的協議。現今真正重要的決定必須顧及將來的世代，然而它在現今並沒有遊説團體。在北美印地安人那邊，這樣的決定必須顧及以後的七個世代。短視近利的現代世界離這種智慧極為遙遠。世代契約的一面與另一面緊密相關：現代文化若沒有回憶的文化就沒有前程可言。沒有將來遠景的文化是一種滅亡的天啟末日論的文化。在基督裏再度發現生者和死者的團契，會導致我們再度發現生者與子孫的團契，並且再度開啟現代社會的將來。

四　現代西方意識為祖先開啟

後代與祖先的團契向來受到壓抑的現代西方社會，

如今有一種導向生者和死者的團契的新通路。那是德國自一九八二年起對於戰後的心理分析。許多人早已清楚明白，他們個人的生命並不是清新純潔地從天而降，而是受到他們的父母、祖父母的世代持久的影響。祖先的罪惡對子孫的良心造成壓力。祖先的祝福充滿後代的生命。

就我們必須承擔的壓力而言，我們有絕佳的例子：納粹的子孫。凡是在電視中看見漢斯·法蘭克（Hans Frank）——納粹黨在波蘭的頭目，他必須為猶太人和波蘭人的大屠殺負責——的兒子的人，必然感受到這個受咒詛的名字的壓力：一生和大屠殺兇手連在一起。集中營指揮官葛斯（A. Göth）的女兒所受的罪責不比父親少。權傾一時的納粹黨頭目玻爾曼（M. Bormann）的兒子成了神甫並到剛果隱姓埋名。這些例子只是顯示，我們不僅為自己負責，而且也為我們的祖先和後代負責。這打從我們承受，且必須承受姓氏時便開始了。我們的名字是個人的，我們的姓氏卻是集體的。我們可以和祖先宣告脫離關係，我們可以試圖忘記他們，並專注未來，但是他們——與他們的罪和祝福——都在，他們在我們當中。反過來看，我們也在他們當中。我們無法擺脫他們，他們不會擺脫我們。

對子孫發生影響的不僅是祖先的罪，而且包括了他們所受的苦。要感受到苦難的折磨，我們只須聆聽那些在集中營生還的猶太人的子女。那些遭受可怕的暴力的，並沒有找到公義。那些生還者自覺虧欠那些在毒氣室中死去的人，奧斯維辛（Auschwitz）的死亡陰影帶給他們子孫沉重的負擔。沒有化解的苦難是不會隨時間過去的。被謀殺的人的血「向天哭訴」。子孫及後代在自己裏面感受到這一點。反過來說，我們必須要能客觀確認，受難者若無法找到公義，他們的靈魂便得不到安息。

紀念死者會發生甚麼事？紀念他們的罪和苦難會得著治療的力量嗎？

由於遺忘可能只是一種壓抑，它無法哀慟，也無法愛，因此回憶本身就是好事，即使是苦痛的。這開啟了回憶者的心靈，以面對父母的真實性。這種真實性受到祖先未得赦免的罪和未得補償的受苦的決定，並且它對現今發生影響。行為一結果的關聯性或是因果報應對個人生命發生影響，並且也對後代發生作用。不論人們是否願意當真，這是無法避免的。假如我們在信仰中感受到基督和生者與死者的團契的這個世代的關聯性，那麼我們便發現我們和我們的先人並不是孤單的受到命運的左右，而是在基督的權力範圍以及聖靈的能力範圍之內。赦免的、撥亂反正的、創造的、賜生命的上帝也是超乎生者與死者所身處的任何命運關聯性的主。因此，這個關聯性不再是無法避免的命運，而是某些可以改變的事物。

如果我們和基督一同邁向回憶和紀念之路，那麼受到折磨的回憶便有救治的可能。那麼我們便在基督的苦難中再度辨認出先人向公義哭訴的苦難，並且在被釘十架者的團契中發現那時的受難者。他們未得補償的受苦也是祂的受苦，在死者的無聲的吶喊中，我們也聽到基督在十字架上死去時所發出的吶喊。我們可以在信心中跟隨祂，並且在我們的思念中將他們放進上帝的思念中。

這樣，我們難道不能在被釘十字架的基督——祂背負世人的罪——的受苦中也辨認出先人未得赦免的罪，並且向祂祈求憐憫他們？那麼，雖然先人的罪的作用仍在子孫身上，但它不再對他們產生沉重的負擔，因為基督承擔了他們的重負。降到陰間並為他們釘十架的基督也帶著復活世界的能力到了他們那邊，我們不再從他們——我想到我所提過的那些納粹先人——所做的惡事的角度看他們，而是從這種敗壞的拯救的角度。

基督帶到陰間的復活之光並非一種在美化的光中向我們展示美好的過去的虛幻之光：「關於死人，所說的只是好的」。只有在死者復活的光中，我們才真正感受到帶著未得赦免的罪和未得補償的苦難的死者。只有在拯救之光中，我們面對他們時，才不會有任何的成見、憎恨或錯誤的決定。那麼，我們的記憶中阻塞的渠道便得以開啟，而我們得以進入祖先閉鎖的空間之中，並且在意識到他們的臨在中生活。那麼我們便和他們一同活在清醒意識中，並且得到這樣的印象：他們也看管我們。

那麼，因著一切未說和未做之事而產生的悲傷和苦痛也轉變成感謝。假設我們將先人殘缺不全的生命納入我們的生命，那麼我們也會為所有未完成和不成功的事物感謝，即使這生命只是殘缺不全的生命，它依然盼望將來的復活世界和萬物的嶄新創造的完美。

基督的復活盼望超越敬祖和忘祖的爭議，它導致生者和死者的團契：這邊的盼望的團契和那邊的永生的團契。

編註一：對此問題的深入探討，見氏著：《來臨中的上帝》，曾念粵譯（香港：道風書社，2002），第2章。

註釋

第2章　處於毛和道中間的中國：和諧與進步

1. 使我對中國有進一步認識的書籍陳列如下，必須承認的是，我對中國的觀點還是深受西方的影響：J. Needham, *The Shorter Science and Civilization in China*, ed. Colin A. Ronan (Cambridge, NY.: Cambridge University Press, 1978)；Gellért Béky, *Die Welt des Tao* (München: Alber, 1972)；H. Welch, *Taoism. The Parting of the Way* (Boston: Beacon Press, 1986)；Jung Chang/Jon Halliday, *Mao. Das Leben eines Mannes, das Schicksal eines Volkes*, 4th ed. (München: Blessing, 2005)；H. Küng, Julia Ching, *Christentum und chinesische Religion* (München: Piper, 1988)。

2. E. Wickert, *China von innen gesehen* (Stuttgart: Deutsche Verlags-Anstalt, 1982).

3. 參見莫特曼：《盼望神學》，曾念粵譯（香港：道風書社，2007）；莫特曼：《來臨中的上帝》，曾念粵譯（香港：道風書社，2002）。

4. J. E. Lovelock, *Gaia: A New Look at Life on Earth* (Oxford, Oxford University Press,1979)E.Sahtouris, *Gaia: Vergangenheit und Zukunft der Erde* (Frankfurt: Insel, 1993)；莫特曼：〈地球的毀滅與解放：生態神學〉，收《俗世中的上帝》，曾念粵譯（台北：雅歌，1999），頁117～145。

5. Fr. Capra, *Wendezeit: Bausteine für ein neues Weltbild* (Bern: Scherz, 1983).

6. E. F. Schumacher, *Die Rückkehr zum menschlichen Maß: Alternativen für Wissenschaft und Technik* (Rainbeck bei Hamburg: Rowohlt, 1977).

第3章　道——中國的世界奧祕：一個西方人眼中的《道德經》

1. 我根據 G. Debon 在 Reclam Verlag 的版本 (Stuttgart,

1978) 和 H. Knopse/O. Brändli 的翻譯。

2. 我不打算列舉許多關於道家思想——自從我一九八六年第一次訪問中國以來，它是我研究的題目——我只推薦我的學生 Do Honn Kim 的博士論文，見氏著：*Der Taoismus und die christliche Schöphungslehre. Ein Vergleich ihrer Grundideen aus ökologischer Sicht*〔《道家和基督教的創造教義——從生態學的角度對其基本理念的比較》〕(Tübingen, 1997)。
3. Richard Wiheim, *Dschung Dsi, Das wahre Buch vom südlichen Blütland*〔《莊子》〕(München, 1969), 88.
4. C. Béky, *Die Welt des Tao*〔《道的世界》〕(Freiburg/München, 1972)，第二部分，〈道與現象界〉，頁 99～146。

第4章 敬祖與復活盼望

1. Robert van Gulik, *Nagelprobe in Pei-tscho* (Zürich: Diogenes, 1990).
2. 關於韓國人對祖先的觀念，請參閱 Misook Kwok, *Das Todesverständnis der koreanischen Kultur: Der*

Umgang der koreanischen Christenheit mit dem To dim Licht der biblisch-theologischen Tradition (Frankfurt am Main: Lang, 2004) 以及 Jung-Young Lee, ed., *Ancestor Worship and Christianity in Korea* (Lewiston, NY: E. Mellen, 1988)。

緊扣時代 服事教會

以文字傳揚基督真道

讀者意見表

衷心多謝你購買本社書籍。本社一直致力以出版事工服事教會，幫助信徒扎根於神的話語，促進靈命增長。為使我們的出版更能滿足你的需要，請填寫下列各項資料，並寄回或傳真予本社。

所購書籍：＿＿＿＿＿＿＿＿

本書最吸引你的地方：

□作者 □適切性 □文筆 □設計 □實用性

□其他：＿＿＿＿＿＿＿＿

購買本書地點：

□基道書樓 □基督教書店 □非基督教書店

性別：□男 □女 職業：＿＿＿＿＿＿＿＿

信仰：□基督徒 □非基督徒

年齡：□ 16 歲或以下 □ 17～25 歲 □ 26～35 歲

□ 36～55 歲 □ 56 歲或以上

學歷：□中三或以下 □中五 □預科

□大學 □研究院

□我欲更多了解基道出版社的事工及考慮支持，請寄給我下列資料：

□機構簡介 □新書資料 □基道會員通訊

□《基道文字事工通訊》

姓名：＿＿＿＿＿＿＿＿ 電話：＿＿＿＿＿＿＿＿

地址：＿＿＿＿＿＿＿＿

＿＿＿＿＿＿＿＿

傳真：＿＿＿＿＿＿＿＿ 電子郵件：＿＿＿＿＿＿＿＿

其他意見：＿＿＿＿＿＿＿＿

＿＿＿＿＿＿＿＿

多謝賜教！

基道出版社

意見表可以傳真（2687-0281）或直接郵寄以下地址：
香港沙田火炭坳背灣街26號富騰工業中心1011室
基道出版社編輯部收